高质量零售

陈丽芬 黄雨婷 著

在技术变革和需求变革的共同驱动下,新零售对零售业进行了全要素、多维度、系统化的创新与变革,实现了交易活动中的商业关系、利益关系、组织方式、经营形态、零售产出以及经营理念等多方面的变革。

本书将给目前焦虑的零售企业打一剂强心针。这不仅是一本解读新零售的书,还是零售企业实现新零售梦想的一把钥匙。

图书在版编目(CIP)数据

高质量零售 / 陈丽芬,黄雨婷著. —北京:机械工业出版社,2018.12
ISBN 978-7-111-61384-8

Ⅰ.①高⋯ Ⅱ.①陈⋯②黄⋯ Ⅲ.①零售业–研究 Ⅳ.①F713.32

中国版本图书馆 CIP 数据核字(2018)第 263004 号

机械工业出版社(北京市百万庄大街 22 号 邮政编码 100037)
策划编辑:胡嘉兴　　　责任编辑:戴思杨
责任印制:张　博　　　责任校对:李　伟
三河市宏达印刷有限公司印刷
2019 年 5 月第 1 版第 1 次印刷
145mm × 210mm・6.875 印张・3 插页・117 千字
标准书号:ISBN 978-7-111-61384-8
定价:69.00 元

凡购本书,如有缺页、倒页、脱页,由本社发行部调换
电话服务　　　　　　　　　　网络服务
服务咨询热线:010-88361066　　机工官网:www.cmpbook.com
读者购书热线:010-68326294　　机工官博:weibo.com/cmp1952
　　　　　　　　　　　　　　　金 书 网:www.golden-book.com
封面无防伪标均为盗版　　　　　教育服务网:www.cmpedu.com

序

零售业是离消费者最近的行业，是直接关系国计民生的行业，是消费升级最主要的战场。经过几十年的快速发展，中国零售业取得了巨大的发展成就，中国也成为世界第二消费大国。近年来，随着中国城乡居民消费升级从"量"到"质"的变革和新一轮信息技术革命大潮的来临，中国零售业发展面临前所未有的机遇与挑战。大量新服务、新业态、新模式快速涌现，在给人们以视觉冲击和体验惊喜的同时，也几乎在一夜之间颠覆了传统和经典，让实体零售企业遭遇了新的瓶颈、进入了所谓的"寒冬"，诸多的企业面临着淘汰、更迭，零售业的转型升级势在必行。特别是从2016年以来，中国零售业出现了前所未有的局面，新兴零售不断积极探索，同时也有很多新模式闪现又闪逝；老牌零售业在转型创新中艰难往前走。零售行业每天上演纷繁的剧目，有新出生的、有老去的、有倒下的、有站起来的、有出生就夭折的、有越战越勇的……在这些剧目的背后，我想零售企业共同的路径就是——创新，通过创新挤拼到行业的顶端，走高质量发展之路。

党的十九大报告指出，创新是引领发展的第一动力，是建设现代化经济体系的战略支撑。2018年政府工作报告中指出，加快建设创新型国家，把握世界新一轮科技革命和产业变革大势，深入实施创新驱动发展战略,不断增强经济创新力和竞争力。创新是时代赋予每个行业、每个企业、每个人的使命。我很欣喜看到当下零售行业爆发的创新革命,更加可喜的是能有这么一本书真实地记录了当下的零售创新革命,并从诸多纷繁的创新中,努力探寻创新背后的动因和本质。应该说,这样的著作本身就非常具有前沿性和创新性,可以成为更多零售业开展创新的一颗"启明星"。

读完这本著作,几个鲜明的特点给我留下了深刻的印象。

一是脉络清晰。本书循着历史的脉络逆流而上,让读者跟随着书的内容进入到零售发展的历史长河,从零售在中国的发展雏形开始,到今天的"新零售""无界零售",娓娓道来。20世纪90年代,伴随着我国改革开放的深入、扩大,中国零售业经历了30年的芳华岁月,在快速粗放发展中逐渐丢掉商业的本质。21世纪初期,中国电子商务崛起,为商业画下了最浓墨重彩的一笔。实体零售与电子商务经历了从此消彼长到共生共荣的阶段,从O2O到全渠道融合,正如书中所描述,从对手到朋友。这本书回眸了中国零售发展的历史,解析了零售创新的时代背景,展现了中外零售创新转型浪潮,总结零售创新的法则,最后回到零售创新的原点寻找零售发展的本质。读完书,就好像把自己置身于中国零售发展的历史中,回味过去,站在当下,预见未来。

二是深入浅出。这本书讲理但不枯燥,在通俗、生动活泼的语言中蕴含了深刻的思考。人们几乎每天都要和零售业打交道，是有温度的，书也是用最平实的语言接近消费者。正所谓事情都不是孤立的，新事物的产生一定有它特定的环境。这本书透析了零售发展背后的历史逻辑，今天的技术升级与消费升级，为零售的创新转型提供了动力。互联网、大数据、物联网、智能化等新技术潮流似乎是一夜之间颠覆了传统经典主导的世界。苹果手机瞬间把诺基亚"打趴下"了，新能源汽车特斯拉让德国宝马奔驰等品牌如芒在背。新消费阶层崛起，对品质和品位升级需求呈现井喷式爆发，需求个性化、年轻化、多样化，江小白的设计让茅台、五粮液等传统白酒品牌黯然失色，盒马鲜生让多少生鲜店和餐饮店望尘莫及。在纷繁的零售创新背后，"双升"的作用非常明显，技术升级和消费升级还将继续，零售创新的步伐不会停止。

三是翔实具体。这本书以丰富的案例来阐述零售如何进行革命，把当前站在零售创新浪尖的企业案例基本都网罗其中。阿里巴巴、京东、苏宁、王府井百货、天虹集团等，不管是新兴还是老牌零售都迸发出前所未有的热情迎接这一轮的零售创新浪潮，他们的探索将为零售界提供借鉴参考，也为政府制定决策提供依据。我也经常到企业去调研，对堪称当下中国零售创新的经典企业案例，也有许多感悟。我觉得这本书的案例选择恰当、分析深入，可以把案例完美地融入每章节中，让读者可以从案例中读出实践、悟出道理。

陈丽芬研究员是流通经济尤其是零售业研究的新一代知名专家。她长期在商务部系统工作，兼任商务部经贸政策咨询委员会专家，主持过零售业转型升级研究等多项部级课题，也承担了不少地方政府和企业委托的相关课题，引起了很好的社会反响。黄雨婷博士是专注于商业研究的博士，现就职于北京物资学院，是商业领域小有名气的年轻学者。她们把多年的学术积累和调研实践总结、提炼、分析，撰写出这本《高质量零售》，可谓是近几年零售业研究中难得一见的优秀成果。在这样一个创新涌流的年代，在中国零售创新领跑全球的今天，希望有更多这样的优秀创新成果呈现给广大读者。

是为序！

国务院发展研究中心市场经济研究所所长 王微

2019年2月14日于北京

前　言

新零售、无界零售、智能零售、智慧零售……是的，这就是这个时代零售业迸发出的前所未有的热度和激情。我们之前发布过《走进零售新时代——深度解读新零售》报告，因此才有了本书的约稿。当然，作为这么多年在流通业研究领域探索的一分子，我们也燃烧着一份热度和激情。我们更想从研究的角度来透析激情零售背后的逻辑。我们试着讲清楚我国零售业的过去、现在和将来。希望本书能够抛砖引玉，给企业、政府或者对零售业感兴趣的同仁提供一份参考。

零售业在我国发展历史悠久，早在商朝，其都城就有"商邑翼翼，四方之极"之称。到了两汉时期，政府实行"开关梁，弛山泽之禁"的政策，每个城市都设有专供贸易的"市"，市内设有出售商品的店铺，官府设有专职官员市令或者市长进行管理，这应该就是我国零售业的雏形。伴随着我国经济体制改革的深化和开放程度的不断加大，零售业的活力被彻底激发出来，各种现代零售实体业态不断涌现，经历着属于自己的繁荣、衰落、转型；国营、外资、集体、私营……多种所有制零售企业逐鹿零售市场；从一二线城市走到三四线和四五线城市，农村零售业的发展也日见成效。世界上 150 年时间里出现过的零售类型，在我国几乎是在 5 年内同时爆发的。从 20 世纪 90 年代到

21世纪初,零售业走过了近30年的黄金岁月,经历了快速发展和壮大,但同时也在快速发展中进入了粗放发展时代——依靠不断开店以提高市场覆盖率和市场占有率,导致经营能力日渐退化。

"惟其终不克为秦之所为,是以卒自弱,而取夷灭",实体零售在粗放发展中能力渐弱,就在实体零售走下坡路的时候,电子商务以迅雷不及掩耳之势席卷了全国。比尔·盖茨(Bill Gates)曾说过"21世纪要么电子商务,要么无商可务",这是当下我国电子商务的真实写照。实体零售终于向曾经的芳华岁月说再见了,寻求转型升级路径,渴望来一个华丽转身。

互联网零售以其价格优势,突破购买时间和空间的限制,给消费者带来了全新的体验。尤其是2003年"非典"爆发,大家都躲在家里不敢出来购物,淘宝网C2C(Customer to Customer)业务开始逐渐发展起来。自2011年开始,移动电子商务快速发展,电子商务进入了繁荣发展时期,包括电商平台、入口、物流、支付和电商服务在内的网络零售全产业链图谱日益完善。

电子商务的发展经历了"烧钱"阶段的疯狂之后,互联网红利逐步消失,开始变得理性和平静。电子商务在发展之初的确给实体零售带来了冲击,互相竞争、此消彼长。经过繁荣之后,线上电子商务发展遇到了瓶颈,在实体零售企业积极"触网"的同时,电子商务企业也逐渐意识到自身在消费者体验方面的短板,电子商务企业的"落地"

前言

也成为实体零售与电子商务融合的重要议题。我国零售业以最快的速度实现了线上、线下的融合，经历了由O2O（Online to Offline）到全渠道零售（Omni-Channel）的转变。

正所谓"时势造英雄"，有温度的商业遇上冰冷的技术，交易变得没距离。最初阶段是POS系统、条形码、ERP到互联网、社交媒体到物联网、大数据、人工智能，技术升级推动商业变革，使交易主体的时间、空间和心理距离不断拉近，使交易的完成更加有效率。

如果说技术进步为零售的创新提供了外生的牵引力，那么消费者需求的变动和升级则为零售的创新提供了直接的内生动力。居民消费购买力日益攀升，消费主体个性化需求特征明显，消费主权时代到来，对商品与消费的适配度提出了更高的要求，同时对零售升级产生了巨大的推动力。

在技术升级和消费升级的"双升驱动"下，我国零售业进入了新的阶段。一个又一个新的名词在2016年开始出现——"新零售""零售革命""智慧零售"。雷军、马云、刘强东、张近东等业内领军人物纷纷给出了关于我国未来零售业发展的预判。盒马鲜生、小米之家、超级物种……新的零售形态持续出现，从经营形态、商业模式等多维度给市场和消费者带来了冲击和惊喜。

零售创新的大幕开启后，我们更要追溯零售的本源和本质。我们进入了消费者至上的时代，面对消费者需求的挑剔与善变，作为离消费者最近的商业，零售业不断创新转型，如影随形地跟着消费者改变。但是，零售本质并未发生改变，零售依然是一种交易方式。体验为先、商品为本、速度为王，这是零售创新的法则。深耕需求链、回归商业本质，优化供应链、协同创造价值，提升管理链、集约化发展，打牢技术链、打造智慧流通，构造零售经营活动完整的价值链，这是零售创新的精髓。

实践是最好的老师，大批的零售企业在这次革命的浪潮中走在前列，有的倒下了，有的持续向前，不管是成功的还是失败的，都能给后来者一份宝贵的经验。因此，本书将用众多案例告诉大家零售正在发生什么，即将发生什么。

回到原点看一路走过的脚印，站在现在去探索未来。

目录 Contents

前言

第一章　历史的回眸 / 1

第一节　实体零售的芳华岁月 / 3

一、实体零售的第一个黄金十年——各种业态诞生成长 / 3

二、实体零售的第二个黄金十年——在竞争中成熟 / 5

三、实体零售的第三个十年——粗放发展中内功渐失 / 7

第二节　激情燃烧的电商江湖 / 11

一、21世纪要么电子商务，要么无商可务 / 11

二、B2C：崛起—衰落—再崛起 / 14

三、C2C：外资称雄—虎口夺食—群雄争锋—淘宝称霸 / 15

四、综合性平台称雄电商江湖 / 15

第三节　实体与电商——对手还是朋友 / 17

第二章 时代的召唤 / 21

第一节 技术 × 商业——协奏进行曲 / 23

一、有温度的商业遇上冰冷的技术,交易变得没距离 / 23

（一）案例分析："上品+"——互联网城市奥特莱斯新模式 / 24

（二）案例分析：物美——"多点生活"开启全新的超市购物体验 / 29

二、与技术融合,商业站在过去与未来的交界处 / 33

（一）案例分析：京东智慧供应链推动实体零售转型 / 37

（二）案例分析：苏宁发展智慧零售迈开创新转型步伐 / 42

第二节 需求 × 商业——消费者主权时代的游戏规则 / 48

一、消费"三新"特征 / 48

（一）新的消费结构形成 / 48

（二）新的消费时代到来 / 50

（三）新的消费主体崛起 / 51

二、需求端引领创新的三大关键内容 / 54

（一）满足品位需求 / 55

（二）案例分析：创造艺术与商业融合之美的方所 / 56

（三）满足个性需求 / 64

（四）案例分析：良品铺子的个性营销 / 65

（五）满足"憧憬自由之丘"的高性价比需求 / 69

（六）案例分析：名创优品的零售之道 / 70

（七）案例分析：唯品会的在线品牌特卖模式 / 75

目 录

第三章 新零售的韵律 / 81

第一节 请回答，2016 / 82

第二节 新零售解析 / 86

一、零售主体的新角色 / 88

（一）案例分析：赋能传统百货：天猫与银泰的合作 / 91

（二）案例分析：赋能传统便利店：天猫小店出炉 / 95

二、零售产出的新内容 / 98

案例分析：天猫为生产商提供数据服务推动了生产的民主进程 / 101

三、零售组织的新形态 / 103

案例分析：盒马鲜生——人称"四不像"的混合业态创造了极致体验 / 105

四、零售活动的新关系 / 112

案例分析：天猫和五芳斋、奥利奥的合作体现生产商、零售商和消费者一体化的关系 / 113

五、零售经营的新理念 / 115

第四章 老牌零售的自我革命 / 117

第一节 全渠道转型，世界变成没有围墙的陈列室 / 119

案例分析：王府井百货全渠道转型 / 121

第二节 回归人本，企业长青的根本 / 126

案例分析：天虹让零售更人本 / 128

第三节 差异化经营，老牌零售逆风翻盘的关键 / 134

　　案例分析：上海市第一百货商店：老地方新体验 / 135

第四节 业态调整与组合式发展，走出困境的选择 / 139

　　案例分析：长春欧亚业态调整战略 / 142

第五章　零售创新的法则 / 147

第一节 零售创新的东方舞步 / 150

　　一、业态的竞争：体验为先、商品为本 / 150

　　　（一）百货与购物中心抓品牌和服务 / 150

　　　（二）案例分析：红星美凯龙启动"服务口碑"项目改善消费者体验 / 153

　　　（三）超市业态以高质量商品和价格赢得消费者 / 159

　　　（四）便利店重点放在线下场景化及门店数字化上 / 162

　　二、品类的竞争：速度为王 / 167

第二节 零售创新的西式节拍 / 175

　　一、美国：信息技术构建起高效零售 / 175

　　二、日本：追求品质、注重文化内涵 / 178

　　三、欧洲：业态成熟、市场细分深入 / 180

　　四、打开未来零售之门：人工智能在零售业的应用 / 181

第六章　回到零售创新的原点 / 185

第一节 需求链：扎根消费者，回归商业本质 / 187

一、建立客户档案 / 188

二、与消费者多维需求立体化匹配 / 188

三、提升终端消费体验 / 189

四、推进会员资产管理 / 191

第二节 供应链：优化供应链，协同创造价值 / 192

一、建立"拉式"供应链 / 193

二、有效整合供应链资源 / 194

三、改变零和博弈的丛林法则 / 196

第三节 管理链：集约化发展，向管理要效率 / 198

一、由目标管理到过程管理 / 198

二、人力资源管理制度与经营模式转型相匹配 / 199

三、内部组织管理结构配合全渠道战略 / 200

第四节 技术链：应用信息技术，打造智慧流通 / 201

一、运用新兴基础设施 / 201

二、实现 IT 到 DT 技术跨越 / 202

第一章
历史的回眸

高质量零售

这是一个变革的时代,这是一个百花齐放的时代,我们站在了过去与未来的连接点上,想看到未来,先要回望历史,历史会告诉我们未来的样子。实体零售有它的芳华岁月,它历经了三个黄金十年。在内外资争霸的年代,我国零售越战越勇。在激情燃烧的电商江湖,实体零售表现得内功不足,但也正因为这样残酷的江湖,逼迫零售业寻找创新转型之路,继续着武林争霸、合纵连横。

第一节　实体零售的芳华岁月

现代零售在我国的发展则始于20世纪90年代。伴随经济体制改革的深化，商业被彻底激活，零售业以雷霆万钧之势拉开了行业变革与创新的大幕，在近30年的时间书写了中国商业史上精彩的篇章，零售业成为对外开放最彻底、市场化程度最高，也是市场竞争最为激烈的行业。

我国现代零售业的发展、尤其是实体零售行业的发展，是在转轨时代的特殊社会经济背景下，以及外资零售进入我国的步步紧逼下催生的。正如李飞教授所言，"我国经历的零售革命，几乎是在5年左右的时间里同时爆发的，在世界上150年时间里出现的零售类型在中国都出现了"。这种冲击性的变革很大一部分获益于外资零售企业的进入产生的巨大溢出效应。外资零售进入我国市场直接推动了我国零售业的经营理念、管理模式、组织方式、经营方式的改革和创新。可以说，内地实体零售的芳华岁月是一段与外资零售企业和港澳台零售企业由抗争走向竞争，在市场开放中不断学习、不断自我发展和壮大的历程。

一、实体零售的第一个黄金十年——各种业态诞生成长

1992年7月，国务院批准部分地区试点中外合资或合作经营的商

业零售企业，由此开始，我国零售业不断扩大对外开放程度，对外开放领域由最初的服装类产品扩大至百货类产品，直至包括生鲜食品在内的一切生活必需品。到2004年，我国流通领域基本形成了全面的对外开放格局。

我国现代零售业态的产生主要集中于20世纪90年代（见图1-1）：1990年12月26日，国内第一家连锁超市美佳超市在东莞虎门诞生；1992年6月30日，北京燕莎友谊商城开业，国内第一家现代百货商店诞生；1993年8月8日，我国第一家仓储商店广客隆诞生；1995年1月，上海牛奶公司开设的可的食品便利店成为我国最早的便利店[一]；1996年，我国第一家购物中心广州天河城开启了国内零售业探索购物中心业态的征途；1997年，我国第一条现代化商业步行街诞生于哈尔滨。可见，**现代零售业态在我国的发展基本是由北京、上海、广州、深圳等经济发展水平均处于领先地位的一线城市最先开始的，逐渐扩散至二、三线城市**。由于地区之间经济社会发展水平存在着较为广泛的差异，不同业态在区域之间的发展速度和发展态势也呈现出比较明显的区域差异。但从整体上看，自20世纪90年代开始，我国开始了由发达地区引领的现代化零售业蓬勃发展的征程。

㊀ 资料来源：联商网．便利店发展史．http://www.linkshop.com.cn/web/Article_News.aspx?ArticleId=14085.

第一章 历史的回眸

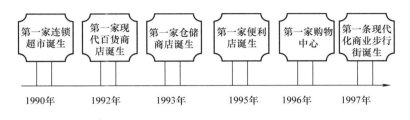

图1-1 我国主要现代零售业态的诞生

二、实体零售的第二个黄金十年——在竞争中成熟

20世纪90年代至20世纪末是我国现代零售业发展的第一个黄金十年。这一阶段，主要的现代零售业态在我国出现，以最快的速度度过了萌芽期，并进入快速成长的黄金时期。2000—2010年我国现代零售业发展进入第二个黄金十年，零售业全面对外开放，外资、港澳台零售企业与内地零售企业之间的竞争趋于白热化，我国主要零售业态在经营形态、管理手段、信息技术等方面都进一步成熟，实体零售业发展进入稳定发展成熟期。

从我国零售百强名单可见，2004年，排名前十的零售企业销售总额达2256.5亿元。至2008年，排名前十的零售企业销售总额达5797.8亿元。零售百强上榜企业的主要经营方式为连锁经营和多业态经营，经营业态主要为百货、超市、便利店和专卖店。在我国现代零售业发展的第二个十年，内资零售企业已经全面崛起，在经营规模和市场占有率上均赶超了外资企业和港澳台投资零售企业。2004年零售三甲是百联集团有限公司、国美电器有限公司、大连大商集团有限公司，均是内资企业。到了 2008 年，零售的前三强依然是内资企业，分别是国美电器有限公司、苏宁电器集团和百联集团有限公司（见图 1-2、图 1-3）。

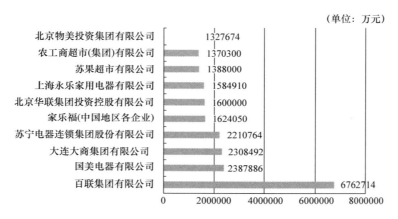

图 1-2　2004 年中国零售百强前 10 名

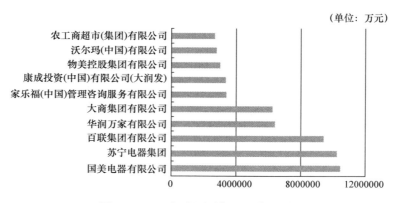

图 1-3　2008 年中国零售百强前 10 名

三、实体零售的第三个十年——粗放发展中内功渐失

随着中国零售业市场竞争的逐步加剧，行业内的资产重组与并购扩张速度不断加快，零售业基本形成了粗放式的增长路径——我国零售企业依靠不断开店来提高市场覆盖率和市场占有率。在这一过程中，实体零售企业自身的经营管理水平并未得以很好的发展，百货店基本丧失了经营能力，形成了"引厂进店"、出租柜台的经营模式，通过扮演"二房东"的角色获利。在实体百货中，联营扣点的经营模式占到95%左右，有的甚至高达100%。联营模式有存在的合理性，有利于降低实体商业的经营成本和风险，但过度依赖联营造成了几大弊端。一是商品竞争力弱。百货店成了二房东，开始"建场收租"，面对外部租金上涨等各种压力，零售业就通过提高扣点率和进场费等转嫁压力，这种压力最终传导到终端消费价格，提高了商品消费价格。二是物流仓储能力弱。在长期的联营模式下，实体百货的物流配送仓储功能主要由品牌供应商承担，久而久之，实体百货的物流仓储功能逐渐缺失，制约实体发展电商。同时，由于自营比例低，难以发挥连锁经营和统一配送优势，达不到规模经济，这也使得成本居高不下。三是经营能力退化。80后、90后成为主要消费群体，消费观念和消费方式发生深刻变化，模仿型和排浪式向个性化和多样化转变。联营使百货的买手制消失，难以适应当前个性化的消费需求。

专业店、超市则基本形成了依靠通道费实现盈利的经营模式，前台毛利+后台毛利共同构成了实体零售企业的利润来源。这一

阶段，尽管我国零售企业得以快速发展，无论从规模还是从市场占有率上，内资企业都实现了快速发展壮大，形成了与外资零售企业齐头并进的局面，但国内实体零售企业自身的问题却日益突出：零售商丧失商品的经营能力，难以形成核心竞争能力；零售店铺呈现"千店一面"的现象，同质化竞争严重；依靠"通道费"和"进场费"的盈利模式使得中小供应商经营利润被极大压缩，零供关系趋向不和谐，零供冲突日益严重。零售业的经营成本不断提升，房租、人工、水电、刷卡费等成本占总成本的比例在70%以上。大部分零售企业是租赁物业进行经营的，近年来房地产价格不断攀升，租金也水涨船高，占总成本30%的租金年均增长20%以上。人口老龄化严重，员工流失率高，甚至在广西壮族自治区东兴市这样的西南沿边城市，超市都招不到人。传统零售业以增加用工成本来应对企业招工困难，占总成本约40%的人工成本年均增长10%以上。工商用水用电不同价，这个问题始终悬而未决，也是零售业面临的一大困境。对于一般的百货店来说，水费、电费需要约500万元/平方米/年，一家5万平方米的实体百货店一年水电费需要2500万元，按照平均坪效16000元测算，其年销售额为8.0亿元，水电费约占其销售额的3.1%。税收负担沉重，连锁零售企业不能实行总分支机构汇总纳税，统一投资主体下的门店盈亏无法相抵，连锁零售企业普遍过度缴税。从连锁零售行业的抽样调查数据看，2014年度，所得税税负率为27%~41%。

实体零售迎来寒冬，一波又一波的"关店潮"汹涌而来。根据中国百货业协会对行业会员企业的统计，85%的会员企业自2011年以来销售额连年下滑，2014年，58%的会员企业销售额出现负增长。据商务部专项调查数据显示，2014年我国主要实体商业（百货、超市）共关闭店铺203家，较2013年的66家约增加207.6%。2012年，零售百强企业前10名（见图1-4）中出现了天猫和京东两大电商的身影，天猫的销售规模直追苏宁集团；而至2016年，天猫、京东分列中国零售百强第一名和第二名，销售规模为排名第三的大商集团的6倍和4倍，上榜的其他实体零售企业均试水电商业务，转型与创新成为实体零售企业的关键词（见图1-5）。

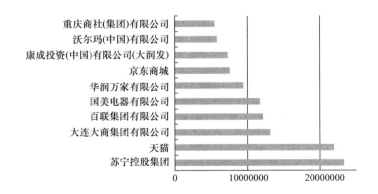

图1-4　2012年中国零售百强前10名

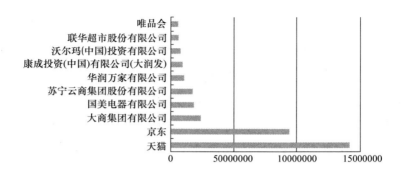

图 1-5 2016 年中国零售百强前 10 名

向曾经的芳华岁月挥手作别,实体零售不得不在寒风逆境中重新进行自我定位,谋求转型与创新的出路。

第二节　激情燃烧的电商江湖

一、21 世纪要么电子商务，要么无商可务

比尔·盖茨曾说过："21 世纪要么电子商务，要么无商可务。"

21 世纪以来，尤其是近 10 年来，电子商务为中国商业画下了最浓墨重彩的一笔。互联网不仅打开了人与人之间互通交流的新世界，更为商业社会的发展和变革开启了新纪元。互联网时代，无数商业豪杰登场。他们铩羽而归，甚至销声匿迹；他们前仆后继，力挽狂澜；他们放手一搏，成就王者荣耀。8848、卓越、淘宝、当当、京东、凡客、聚美优品……一个个我们熟知的名字如同电影画面在我们眼前流转而过，他们共同成就了中国电子商务发展的光辉岁月。电商江湖，风起云涌、暗潮涌动，在这个江湖，不断有开拓者、创新者、特立独行者和挑战者来"搅局"，他们探索、他们创造、他们打破商业的常规、他们打开新的视角，他们你方唱罢我登场，共同成就了中国商业的快速变革与不断创新。

纵观中国电子商务的发展历程，大体经历了以下几个时间段（见图 1-6）：

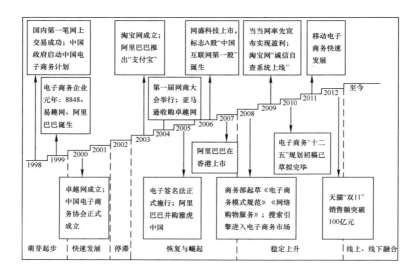

图 1-6 我国网络零售发展阶段及重要事件

1995—1999 年是我国网络零售的萌芽起步阶段：1997 年被称为互联网元年，这一年，我国第一批互联网企业诞生；1998 年，国内第一笔网上交易成功，中国政府启动了以金贸工程为龙头的中国电子商务计划；1999 年，我国第一家 B2C（Business to Customer）电子商务企业 8848 诞生；同一年，国内第一家 C2C 网站易趣诞生于上海，马云在杭州创办了阿里巴巴。在这一阶段，我国电子商务的发展初现雏形，网络零售这一新兴业态在探索中蓄能而发。

2000—2001 年是我国网络零售快速发展阶段：自 1999 年第一家国内电子商务企业成立，在短短两年时间里，国内电子商务企业呈现野蛮生长的态势。1999年年底，国内有70多家从事B2C的电子商务企业；到2000年，国内电子商务企业达到700多家，至2001年达到3391家㊀。但是，伴随着互联网泡沫的破灭，国内大批电子商务的先行者倒闭，其中最引人关注的就是中国B2C的先驱8848的轰然倒下。

随后，国内网络零售的发展经历了一个比较漫长的停滞阶段。直至2003年，"非典"的爆发为网络零售的调整和复苏提供了新的契机。这一年，主营C2C业务的"淘宝网"成立，我国网络零售进入B2C、C2C共同发展的阶段。2003—2007年，国内网络零售经历了短暂的复苏期并进入快速崛起的阶段。这一时期，专门的电子商务支付体系形成并逐渐完善，网络零售的运营模式日渐成熟，综合性电子商务网站和行业垂直网站并行发展，整体网络零售在随需应变中快速成长。至2007年，全年电子商务市场总交易额达2.489万亿元，相较于2002年的0.18万亿元增长了近13倍。

进入2008年后，我国网络零售行业进入稳定上升的时期。在这一阶段，国内网络零售的发展主要表现出以下特点：首先，网络零售总体交易规模保持稳定的高速上升的态势；其次，行业内兼并整合的步伐加快，市场集中度提高；再次，政府对网络零售的监管日益规范；最后，行业内的创新与转型方兴日盛。总体上看，2008年以来，我国

㊀ 资料来源：阿里研究院. 1995—2015中国电子商务20年发展史话. http://field.10jqka.com.cn/20150727/c576736353.shtml.

网络零售步入密集创新和稳定上升的成熟期。

自2011年开始，移动电子商务快速发展，电子商务发展进入了繁荣发展时期，包括电商平台、入口、物流、支付和电商服务在内的网络零售全产业链图谱日益完善，线上、线下进一步融合，网络零售成为拉动国内消费需求、推动传统产业转型升级、促进现代服务业发展的重要引擎。而自2013年至今，我国电子商务发展与实体零售发展趋于融合，电子商务进入与实体零售融合发展的新阶段（见图1-6）。

在我国电子商务发展的整个历程中，网络零售市场内部不断出现市场细分和细化，新的商业模式不断涌现，行业内的竞争格局不断被打破和重构。从商业模式来看，电子商务在我国的发展主要形成了B2B（Business to Business）、B2C和C2C模式。

二、B2C：崛起—衰落—再崛起

在直接面对消费者的网络零售经营模式中，B2C经历了崛起—衰落—再崛起的过程。在我国电子商务发展的初期，多数企业的经营模式为B2C，但此时的B2C模式基本上是直接模仿和复制国外模式。随着互联网泡沫的破裂，8848等第一批电商企业倒下，一部分B2C企业在国内电子商务的第一次海啸中被击退，卓越网被亚马逊收购。直至国内电子商务进入稳定上升期，京东、国美、中粮我买网、凡客等第二批B2C电商企业崛起，国内电子商务企业的经营模式和管理模式才逐渐走向成熟，符合中国市场的 B2C 模式逐渐形成并发展起来。

三、C2C：外资称雄—虎口夺食—群雄争锋—淘宝称霸

C2C 模式在我国的发展经历了外资称雄—虎口夺食—群雄争锋—淘宝称霸的过程。在易贝网（eBay）收购易趣网后，其市场份额一度超过 90%。2003 年在"非典"的特殊背景下阿里巴巴进军 C2C 业务，淘宝网诞生，阿里巴巴通过免费的策略和第三方支付手段支付宝产品的开发，迅速打开国内 C2C 市场，并在两年后超过 eBay 易趣，实现了以小博大、虎口夺食的商业奇迹。与此同时，腾讯推出拍拍网，以自身在入口端的优势与淘宝和 eBay 易趣角逐 C2C 业务。此后，百度也推出有啊平台加入 C2C 竞争。C2C 领域一度出现群雄争锋的局面，但最后淘宝网仍然凭借前期积累的流量优势和完善的支付体系显示出绝对优势，笑傲 C2C 市场。

四、综合性平台称雄电商江湖

在 C2C 市场竞争加剧的同时，电子商务企业重新意识到 B2C 市场的广阔前景，重新将战略重点转移至 B2C 市场，综合性电商平台和垂直电商平台得以迅速发展，经营模式上基本形成了综合类平台模式和垂直型平台模式。其中，PPG 模式（凡客和梦芭莎）一度在 B2C 市场战绩显赫，但由于企业在运营方面的不足导致其最终退出市场。目

前,垂直型平台主要集中于母婴、家装、生鲜、时尚和跨境电商等细分市场,京东、当当等均实现了由垂直电商平台向综合性电商平台的转型,苏宁、国美等实体零售企业的电子商务尝试也基本锁定于综合性电商平台的模式。

截至目前,B2C 模式成为国内网络零售的主要经营模式,C2C 市场则形成淘宝一家独大的格局。我国电子商务发展各阶段主要电商企业见表 1-1。

表 1-1 我国电子商务发展各阶段的主要电商企业

	B2C	C2C
萌芽与快速发展期	8848、当当网、卓越网	易趣网
恢复与崛起期	亚马逊收购卓越 京东进军电子商务	eBay 收购易趣网 阿里巴巴成立淘宝网 腾讯推出拍拍网
稳定上升期	淘宝商城、1号店、中粮我买网、凡客、梦芭莎、国美、京东、红孩子、蜜芽、唯品会、聚美优品、小红书、网易考拉海淘、洋码头	百度有啊
目前市场内发展较好的企业	天猫商城、京东、唯品会、聚美优品、小红书、网易考拉海淘、洋码头……	淘宝网

第三节　实体与电商——对手还是朋友

电子商务从产生之初，就对实体零售产生了巨大的冲击。著名的"一个亿"的赌局更是将电子商务与实体零售之间的竞争推向一个新热度。而事实上，在电子商务步入稳定发展阶段后，电子商务与实体零售之间的关系也变得更加微妙，实体零售的数字化转型和电子商务的落地同步展开，二者一步步由对手成为朋友。前文提到，中国零售业在不到5年的时间里走完了国际零售业100多年经历的变革，而在中国现代零售业发展的第三个十年，中国零售业经历了更加快速的变革，成为了引领世界零售革命的先行者。先行者的尝试就是在移动端到来的时代，中国零售业以最快的速度实现了线上、线下的融合，经历了由O2O（Online to Offline）到全渠道零售（Omni-Channel）的转变。

根据中国人民大学商学院刘向东教授的研究，中国实体零售企业的数字化转型经历了由O2O 1.0至O2O 4.0的四个阶段（见表1-2）。可以说，实体零售企业的O2O实践是实体零售企业对于电子商务的认识和利用不断深入的过程，更是实体零售和电子商务在磨合中走向融合的过程。由最初的通过电子商务实现互联网营销，到第二步探索、实现互联网销售，再到利用互联网的平台价值，再到社区零售，实体零售的O2O经历了不断的试错、不断的失败。

表 1-2 O2O 的四个阶段

O2O 1.0	O2O 2.0	O2O 3.0	O2O 4.0
"吸粉"	"闭环"	"平台"	"社区"
以促销、电子支付等手段获得电子会员卡信息,旨在"互联网营销"	形成线上与线下合作完成的闭环,旨在"互联网销售"	与线上、线下的合作者共同建立互联网沟通平台,旨在"平台价值"	围绕社区完整服务需求,线上、线下进行融合,旨在"社区零售"

(资料来源:中国人民大学商学院刘向东教授的公开讲座。)

实体零售企业在触网的初期,仅仅将触网作为一种营销和宣传的渠道。一些实体零售企业开始尝试电子商务业务,企业采取自建电子商务平台的策略,旨在开展线上、线下同时进行的经营活动。但由于缺少流量,实体零售企业的电子商务网站及 App 往往形同虚设,实体零售企业的"触网"尝试屡屡失败。随着电子商务企业的进一步发展,实体零售商开始转变思路,尝试接入现有的电商平台,依托电商的线上渠道及资源开展线上销售活动,这一阶段,实体零售与电子商务开始走向合作。直至今日,实体零售企业的数字化转型仍然处于探索的阶段,实体零售企业的关注点不再限于如何开展电商业务,而在于如何利用起一切与消费者的接触点,围绕消费者需求,展开全渠道的营销和全渠道的销售活动。全渠道融合成为当前实体零售企业转型的关键。

在实体零售企业积极"触网"的同时,电子商务企业也逐渐意识到自身在消费者体验方面的短板,电商企业的"落地"也成为实体零售与电子商务融合的重要议题。O2O 的 3.0 时代和 4.0 时代,既是实体零售企业探索触网路径的关键阶段，也是电商企业"落地"实践的关键阶段。这一时期，电子商务企业向实体零售企业伸出橄榄枝，将实体零售企业的电子商务入口接入自身平台，利用平台的引流作用以及完善的物流配送网络帮助实体零售企业开展线上业务和移动端业务，典型的如京东到家。与此同时，建立实体体验店也成为电子商务企业"落地"计划的关键内容。这一阶段，实体零售的数字化转型与电子商务企业的"落地"出现了同步，二者由独立探索O2O之路走向合作探索，行业内实体零售企业与现有电商企业零售业的主旋律进一步由O2O融合走向全渠道融合。

如今，"一个亿"的赌局鲜少有人提起，实体零售与电子商务也再非往昔的两条平行线。电商与实体商业之间的关系经历了三个阶段：第一阶段是互相竞争，此消彼长的关系；第二阶段是互相加，取长补短的关系；第三阶段是你中有我我中有你，共生互荣的关系。目前正在向第三阶段迈进。在讨论二者究竟是"朋友"还是"对手"时，零售经营者们大概会唱起那首《干杯吧，朋友》。零售经营者更加关注的是如何通过全渠道融合来满足消费者的需求，如何通过零售技术来提高整体的效益。零售经营者愈发认识到，实体店铺与电子商务都只是渠道本身的差异，要打开未来零售发展的大门，既要看现在，更要追溯零售的本源和本质。回到原点看一路走过的脚印；站在现在去探索未来。

在中国现代零售业发展的第三个十年，实体零售与电子商务携手前行，共同探索并引领零售创新的浪潮。

第二章
时代的召唤

"时势造英雄",这句话在零售业的发展历程中同样适用。现代零售自产生到发展至今,其每一次革新都与当时的特定社会经济背景、生产技术条件的发展紧密相关。可以说,技术的不断进步与社会消费的持续变革是推动零售行业创新与发展的直接力量;而中国零售业发展至今,更是新经济时代以 ICT（Information Communications Technology,信息、通信和技术）技术为基础的新技术不断出现并运用到商业领域,以及社会经济发展过程中消费市场不断变革与发展共同作用的结果。可以说,零售业的创新与变革正是时代的"召唤"所致,是应运而生的(见图2-1)。

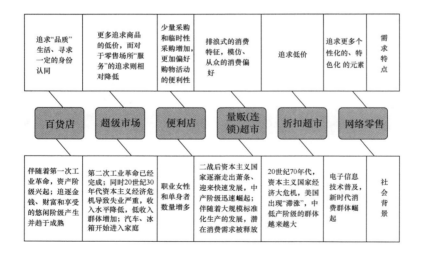

图2-1 主要零售业态的创新与对应的社会经济背景、社会需求特点

第一节 技术 × 商业——协奏进行曲

一、有温度的商业遇上冰冷的技术，交易变得没距离

从蒸汽火车隆隆的鸣笛，到电气时代的灯火通明，再到信息时代的互联互通，人类社会由"从前慢"步入了"快节奏"，人与人之间交往与交流的时空限制被不断打破。技术是冰冷的、没有温度的。当技术与人相遇、使人与人产生互动时，技术才能真正渗透到社会中，才真正发挥其作用。可以说，技术为商业社会的不断进步提供了外生的牵引力，如果缺少这样的外生牵引力，商业社会仍会按照其原有的轨迹前行，只是缓慢地前行。

商业是有温度的——商业的产生就是为了满足交易双方的需求，这种需求关系的本质是互利、互助的社会关系，而非简单的货币——金钱关系。可以说，分工与交换关系的背后是社会性的人与人之间基于信任产生的有温度的社会关系。技术的进步拉近了人与人之间的时空距离，使得商业的辐射范围和辐射空间进一步扩展；而成熟的商业社会的形成则依托于商业参与者之间的信任，也就是信任社会。这种信任社会的本质就是人与人之间的心理距离的不断拉近。

当冰冷的技术遇到有温度的商业时，它必须使自身融入商业的温度，使自身与商业参与主体产生互动，才能够对商业的变革和发展产生最大的牵引力。可以说,技术与商业的融合旨在不断打破交易主体的时间壁垒、空间壁垒和心理壁垒,拉近交易双方的时间距离、空间距离和心理距离。技术升级推动商业变革的过程就是使交易主体的时间、空间和心理距离不断拉近,使交易的完成更加有效率的过程,也是使商业社会更加成熟的过程(见图2-2)。

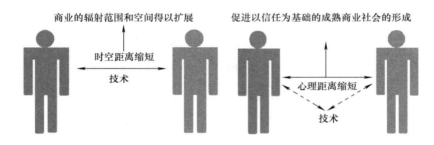

图 2-2　技术与商业融合促进商业的变革和发展

(一)案例分析:"上品+"——互联网城市奥特莱斯新模式

上品折扣是中国第一家折扣商品百货,于2000年在北京开设第一家店。目前,上品是全国最大的连锁折扣商品运营商。从2008年开始,上品着力布局数字化零售;至今,公司有上品折扣和上品+城市奥特莱斯两个商业品牌,以及上品折扣网、上品App、上品折扣天猫旗舰店、上品微商城。2017年5月,第一家"上品+"互联网城市奥特莱斯店(见图2-3)在北京开业,获得了较高的商圈人气和经营绩效,同时也开启了国内奥特莱斯业态全渠道发展的新时代。

第二章 时代的召唤

图 2-3 "上品+"北京店

1. 以商品数字化为起点、以管理数字化为核心推动全面数字化转型

早在 2008 年,上品开始初步数字化的探索,将商品信息人工录入研发系统并以自主研发的手持 iPad 终端代替手写小票,通过扫码读取商品基本信息,实现简单的数字化单品管理。至 2009 年,上品完成了商品数字化的两个层次——主数据(包括款色、规格、价格等)以及线上销售需要的数据(图片、文字、库存等);而精细化数据管理所需的商品细节、个性化数据等则仍在推进。基于商品数字化,上品进一步推进和供应商共享数字化平台,使供应商系统与上品的系统实现对接,以完成联营模式下上品对于商品信息(包括价格、款式、货量等信息)的数字化管理和控制。同时，通过与供应商共享平台数据，实现对供应商的赋能，推进深度联营的实现——利用上品拥有的数据资源，在人和商品的维度都进行赋能，卖场可以检测和分析不同人群的消费特点，以及不同人群的偏好对应的产品线的差异，为供应商提供市场信息的支持，实现为供应商赋能。此时，通过商品数字化、供应商数字化的平台接入及企业的 SAP ERP 系统，上品将线上、线下销售渠道打通，基本实现了线上、线下同款同价同活动，解决了实体零售企业线上、线下融合的最关键问题。

在此基础上，会员数字化和卖场数字化成为上品全渠道转型的重要环节。打通线上、线下会员资源并实现会员数字化管理，使会员变得"可识别、可洞察、可触达、可转化"。相较于传统的会员管理，会员数字化使得零售商对会员的识别由以往的购买识别升级为到店识别，即会员到店后零售商即对其进行身份识别并与其产生互动服务；根据数字化的会员信息，可以对消费者门店和网上的购物品类、频次、品牌偏好等信息进行深入洞察，从而使上品更加了解会员需求；会员数字化使得上品可以通过实体店、App、网上商城等多个渠道与消费者实现接触和联系，并通过精准营销提高会员由潜在购物者变为实际购买者的转化率。通过会员数字化使得会员的线上、线下身份无缝对接并实现积分互通，为消费者资产管理提供了基础，促进了消费者忠诚度和消费者黏性的提升。卖场数字化是对消费者在店消费全过程数据捕捉的重要基础，也是消费者到店后与卖场实现互动的关键。卖场数字化的顺利实现对卖场内的布局规划调整，以及提升消费者在店铺的购物体验具有重要意义。

管理数字化是上品数字化转型的核心和关键。管理数字化包括规划的数字化、市场的数字化和运营的数字化。规划的数字化主要是根据对消费者大数据的分析和洞察，对企业的经营绩效进行分析、调整和重新规划；市场的数字化强调企业营销的全渠道投放和数字化评估效果；运营的数字化则是对企业销售的核心指标建立起管控和KPI指标，对运营的实际情况和问题进行科学、合理的评估。

2. 依托互联网融合线上、线下购物体验

以互联网技术改造线下购物场景，融合消费者线上、线下的购物体验成为"上品+"互联网城市奥特莱斯模式广受消费者青睐的重要原因。

首先，上品实现了对消费者的全渠道触达。一方面，在移动终端，通过微信、App、LBS（Location Based Service）综合广告等手段实现与消费者的线上接触；另一方面，通过数字化线下渠道将网络购物的便捷性和便利性引入实体店铺，并增添线下购物体验的丰富性和趣味性。

其次，提升了消费者购物全渠道、全流程的体验感。通过全渠道的消费者触达，使消费者购物的全流程都增强了体验感和对零售商的黏性。在进店前，可以通过店内活动的推送、精准营销及社群分享等形式吸引消费者，保持与消费者持续互动。在店内消费时，可以通过

VR、定点摇方式获得红包，增添购物活动的趣味性和体验感，还可以通过支持多种方式的支付方式、取消收银台等，使交付服务更加便捷。例如，采取旺 POS 不排队无现金便捷支付工具，让每个导购手持终端成为移动收银台，实现全渠道购物商品电子化；通过达人分享和社群互动进行商品推荐。在离店后，实行全渠道无理由退换货服务、24 小时客服和导购服务。

最后，依托互联网，上品将实体门店（见图 2-4）的体验感和电子商务的方便快捷有机融合，极大地降低了消费者购物的心理成本和时间成本。实体店内，区别于传统的奥特莱斯业态，"上品 +" 对店铺布局进行了整体优化，在每一层设置体验式业态，使卖场融入更多餐饮、娱乐等业态，以满足消费者一站式购物和服务的综合需求，降低消费者购物的心理成本。与此同时，全渠道融合下，消费者可以选择全程线上购物、线下自提以及线下购物、快递到家等多种购物模式，使购物活动变得更加便利和灵活。此外，利用全渠道资源的打通，上品可以提供 "5 公里 1 小时送达" 的送货服务，极大地降低了消费者购物活动的时间成本。

图 2-4　"上品 +" 实体店

（二）案例分析：物美——"多点生活"开启全新的超市购物体验

物美的全渠道零售战略是一项系统工程，主要包括两个方面：一是开辟O2O分布式电子商务平台，为消费者提供实时、便捷的线上购物渠道，满足消费者远程购物与配送到家的需求；二是科技创新推进线上线下一体化，运用移动互联网、先进技术、系统形成线上线下一体化解决方案，对物美的实体零售体系进行赋能，提高管理效率，降低成本，提升商品品质与服务，全面改善消费者线上线下的购物体验。

1. 多点分布式电商平台

物美的O2O分布式电子商务平台通过战略合作伙伴"多点生活"来实现。多点是依托线下超市网络的分布式电商平台，基于既有供应链物流和商超销售终端资源整合，构建全渠道购物平台。消费者通过手机App或网站登录线上平台；平台通过电子围栏自动定位消费者所在位置，同时关联附近3千米范围内的超市、店铺；消费者选择门店，在线浏览商品、下单、支付；下单后，选择到店自提，或由店铺配送到家；配送到家可自主选择时段送达。多点全球精选频道还可选择次日达，该部分商品由物流中心统一配送。多点两小时送达的高效服务，打破了空间局限，真正把超市搬到了消费者家门口。

除了提供电商服务，多点还通过自主创新，全面提升实体超市的功能与便利。超市收银排队是实体零售业的主要痛点之一，十分影响消费者的购物体验。针对上述痛点,物美联合多点,共同开发了基于手机 App 的"自由购"和秒付。供消费者在店铺内购物使用,彻底解决超市收银排队的烦恼。通过自由购,消费者用自己的手机可以自主完成选购商品、扫商品条码并手机支付结账等整个购物流程,无须再去出口收银处排队结账,从任何一个出入口经简便的防损检查即可离开超市。秒付是另一项重要创新,消费者打开多点手机 App,摇一摇手机,就会弹出支付条码,收银员只要扫一扫条码即可完成支付流程,是真正的无感支付,大大地缩短了收银台的结账时间,大幅提升了消费者体验。

多点分布式电商平台,实际上是以分布于城市社区内的实体零售店为中心提供配送到家服务,同时提供店铺端的自由购与秒付等解决行业痛点的便捷服务。这个平台既解决了生鲜食品类刚需商品的保鲜配送问题,又基于移动互联网等最新科技应用,对实体零售店进行了线上、线下一体化赋能。

2. 科技创新推进线上、线下一体化

全渠道新零售不仅是一个口号,零售行业尤其是生鲜快消品零售业务极为复杂,物流供应链及店铺营运端的进、销、存、调、盘,每一个环节都涉及数以万计的商品及大量的人、财、物管理优化,而且线上、线下差异巨大。要实现线上、线下一体化融合的全渠道零售,就要对现在的实体零售网络进行全方位、系统性的升级,使之适应移动互联网时代的需要。基于以上情况，物美提出了"流程最优、效率最高、成本最低、速度最快、体验最好"的改革目标，要求实体零售业务与移动终端平台无缝结合，线上、线下一体化运营，以移动 App 统一商品、统一供应链、统一营销、统一会员、统一支付，推动实体零售店的互联网化、物联网化。

为实现上述目标，物美建立了数百人的工程师团队，在北京和成都分别设立研发中心，自主研发与引进吸引并举，全面将互联网、大数据等新技术融入店铺、物流、仓储等运营管理及营、采、销、配送等环节的流程标准化、规范化管理之中，开发或升级了基础数据与报表系统、商品管理系统、App 采销平台、自动订货补货系统、电子价签管理系统、全渠道供应链管理系统、电子会员系统、人力与绩效管理系统等，形成了完整的信息化管理体系并不断地迭代升级，彻底实现了办公移动化。数据报表系统经过优化，数据驱动业务、数据驱动流程、数据驱动组织功能得到进一步强化。如今，数据系统具备每晚 10 点推送当日经营成果数据、每月 1 日上午 9 点前完成并推送上月预算执行报表的能力，为管理团队与供应商及时调整经营策略、提升管理效率奠定了坚实的基础。

物美认为，商品是零售的核心。围绕商品，物美近年大刀阔斧地开展变革创新，引入了线上招商平台、店铺商品棚格化管理系统，并自主开发了采销平台。物美线上招商平台使商品采购以系统化、平台化的方式来进行，供应商在线上报价，实时比价，公平竞争，以商品品质与价格论英雄,实现了采购过程透明化、阳光化、公平化。这样做,一方面使商品优胜劣汰机制真正落到实处,另一方面减少了人为干扰、暗箱操作。棚格化管理系统实现了店铺端商品管理的标准化、系统化,为线上招商奠定了坚实基础。采销平台基于手机App,既供物美采购人员使用,也提供给供应商使用,具备电子合同签订、订货发货管理、货款结算等核心功能,所有采销行为安全、可追溯,极大简化、优化了商品采购流程,并实现了零售商销售信息同供应商实时共享,提升了整个供应链效率。运用大数据与云计算,物美商品系统会按既定逻辑进行补货预测、销售预测与数据清洗,自动完成动态补货与静态补货。依靠系统,物美建立了定期回顾的商品汰换机制。数据说话,根据商品的销售表现优胜劣汰,使消费者真正享受到安全、可靠的一流商品。

物美电子价签系统自动对商品变价,并包含陈列信息,避免了店铺人为频繁更换纸质价签,大幅简化、优化了店铺作业。电子价签实时显示陈列、库存信息,展示更丰富的价格与商品信息,消费者购物体验更好。

为适应线上线下全渠道销售的需求,物美将国际先进的全渠道供应链理念付诸实践,加大投入对既有仓储配送体系进行系统性改造和优化,大幅提升效率。新一代配送中心集多温度带、多业态、多种库存形式、多种商品类别和多种作业方式于一体,直流与在库模式并行,有利于实现空间利用最大化,依靠互联网及手机App工具实现作业数字可视化。码头 App 预约、托盘 App 置换、电子商务订单分拣墙等不断进步，在行业内率先具备了用统一的供应链同时支持实体店，以及 O2O、B2C、B2B 等线上业务的全渠道配送能力。

二、与技术融合，商业站在过去与未来的交界处

从零售业发展历程来看，零售业的整个发展变革的历程正是零售商基于技术的进步来以更低的成本加强自身与消费者之间的联系，通过技术进步推动商业向消费者深度参与的方向发展的过程。尤其是信息技术在零售业的应用和发展，成为零售业变革与发展的最直接的牵引力。

技术与零售业的融合大体经历了以下的阶段：第一阶段是 POS 系统、条形码、ERP（企业资源计划）、RFID（无线射频识别）等技术在零售业的运用，这些技术在零售业的运用使得零售商更有效率地掌握了消费者的基本交易数据以及零售商组织内部财务、库存、管理等相关信息，会员制在此基础上得以很好地发展。第二阶段是利用互联网的发展，通过 PC 端、移动端和社交媒体等多接触点与消费者产生接触，获取更多有效的消费者信息，并开发与消费者交易的多个渠道。在第二阶段，技术的应用使得零售商与消费者之间的联系和互动进一步加强。第三阶段，电子信息技术将线上、线下场景打通，实体零售的数字化趋势明显，近场感应终端、应用场景定位、虚拟试衣

镜、传感器、移动终端等技术的发展使得零售商的线上、线下应用场景进一步完善，实现了零售活动中设备与人之间的实时互联。第四阶段，零售的智能化和自助化趋势明显，以物联网、大数据、人工智能为依托，信息可以实时传输给有关系统和终端用户，无论消费者身在何方，都处于智能设备访问范围之中，零售商能够从互联的零售系统和设备之中采集数据，并通过智能系统驱动优化操作，消费者在参与零售活动的全过程中实现与零售商的随时随地的交流与互动。在第三阶段与第四阶段，零售业的边界不断扩展，跨界与无界成为商业活动的显著特点；同时，在这两个阶段，海量的数据资源和大数据技术成为零售企业构建核心竞争力的关键所在。

电子信息技术的深入发展不断打破人与人之间的交流障碍和沟通桎梏，层级化的社会关系逐渐趋向于扁平化的社会网络发展，其本质是使整个社会的信息不对称性极大地降低。伴随信息技术与零售业的融合、发展，零售商与消费者之间的交流和互动不断增加、深入，横亘于零售商和消费者之间的信息不对称越来越少，零售商与消费者之间的时空距离、心理距离被不断拉近。大数据时代的到来使得零售商与消费者之间的时空距离和心理距离被进一步拉近——基于消费者海量数据的收集和处理，挖掘出数据背后独有的商业价值，即实现对消费需求的更精准的预测，以及对消费者当前和未来生活方式和消费潜力更深度的挖掘和刻画。在技术与零售业融合发展的第三阶段，各种智能终端设备应用、线上线下场景的打通、实体零售的数字化转型等零售技术的发展为零售企业建立大数据资源奠定了夯实的基础。零售企业通过全渠道信息的收集获得了更加全面的消费者数据资源。而至第四阶段，零售商真正成为了消费者实现美好生活的代言人——零售商越来越了解消费者，能够为消费者提供更加精准的商品和服务。在这一阶段，技术与商业的融合更加趋向于通过技术手段来使经营者对传统商业逻辑产生新的认知，挖掘新的价值。在一系列由"0"和"1"构建起来的算法优化和数据化处理的背后，是整个行业商业思维的重塑，是技术对于商业逻辑的重构和优化。《大数据时代》一书中强调，大数据时代是生活、工作与思维的大变革，而大数据的核心就在于通过相关关系而非因果关系进行的预测。大数据技术在商业中的运用就在于挖掘数据背后的消费者行为逻辑，形成对于消费者行为和商业策略的预测和判断。可以说，在技术与商业融合的第四阶段，商业活动的"人本原则"体现得更加淋漓尽致。

与此同时，技术进步推动零售业发展的过程也是零售业的全要素生产率、劳动生产率不断提升的过程。随着技术的进步及其在零售业的应用，零售业的效率也实现了不断的提升。技术与零售业的融合推动了零售业由传统的劳动密集型行业向资本和技术密集型行业的转变，使得零售业实现了由传统的低端服务业向现代服务业转变，技术与商业的融合成为商业活动实现"经济原则"和"效率原则"的根本保障（见图2-5）。

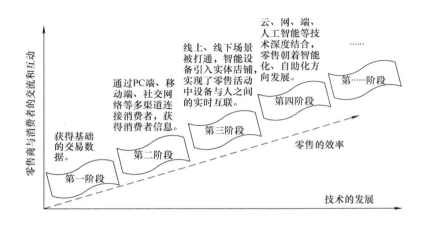

图 2-5 零售与技术结合的发展阶段

目前,我国零售业的整体发展水平呈现出十分明显的不平衡特点:企业之间发展不平衡、业态之间发展水平不平衡。总体上,多数企业的发展已跨过第二阶段,行业内较为先进的企业正在第三阶段努力尝试并已取得一定成绩,如大悦城、上品、天虹等。这些企业通过场景服务运营商提供整套"互联网+"的解决方案,实现 Wi-Fi 覆盖,通过 Wi-Fi 探针技术和 i-Beacon 识别应用进行场景定位,并通过近场感应终端、传感器等技术,实现对消费者购物轨迹的全流程追踪,进而对消费者购物过程的大数据进行收集;零售商根据收集的数据对消费者进行产品、店铺活动、促销信息等内容的推送,从而实现对消费者的精准营销和精准服务。伴随着物联网技术的成熟以及在零售领域的应用,零售业对技术的应用将进入第四阶段,即"物联网+零售",零售业的服务边界将进一步扩展。随着人工智能、3D 打印等新技术的不断成熟和在商业活动中的推广应用,云(云计算、大数据)、网(互联网、物联网)、端(PC 终端、移动终端、智能穿戴、传感器等)、人工智能等技术将实现进一步融合,上述技术构建起"互联网+"下的商业活动的新社会基础设施,共同推动着生产端、流通端、消费端等各个节点和整个商业链条的重塑和重构,为零售业的进一步革新和变革提供了必要的条件。目前,行业内的领头企业已经纷纷试水该阶段的零售模式,"新零售"是行业领头羊们赋予这一阶段零售活动特征的新名字。可以说,技术的不断进步将成为推动我国零售业革新和创新的直接牵引力。

(一)案例分析:京东智慧供应链推动实体零售转型

京东于 2004 年正式涉足电商领域,经过 13 年砥砺前行,在商业领域一次又一次突破创新,取得了跨越式发展。2016 年,京东集团市场交易额达到 9392 亿元,净收入达到 2601 亿元,同比增长 43%。2017 年 7 月,京东再次入榜《财富》全球 500 强,位列第 261 位。

电商发展突飞猛进,但实体零售仍然面临一系列问题。一方面,在零售市场中,传统通路目前依然占比最大。对于品牌厂商而言,中小门店万亿市场商机背后是渠道下沉乏力、终端信息不透明等顽疾。同样,假货、山寨品横行,价格不稳定,也困扰着数以百万的店主们,这降低了市场的有效供给。面对这样的困境,品牌商与中小门店急需一种高效率、低成本的沟通平台，重释市场的活力与价值。另一方面，实体零售技术应用水平低，经营成本居高不下。线下实体零售在运营过程中不可摆脱两大成本：一是人工成本，二是场地成本。在这两大成本中，重复性、低产出、无创造性的人工成本，以及不能为销售做出贡献的前后场规划（尤其是后场仓库）成为无谓的浪费。

作为中国最大的自营式电商企业，京东探索利用自身丰富的智慧供应链资源探索改造实体零售：一方面于2015年12月16日成立新通路事业部，为全国中小"夫妻店"等门店提供货源和服务，让优质商品以新的通路走进千家万户；另一方面于2016年5月成立X事业部，探索推动实体零售中智能设备、操作系统等技术升级，发展无人零售新业态，解决实体零售企业人工成本居高不下、效率低等问题。

1. 升级百万门店打造京东便利店

京东新通路事业部以智慧门店管理系统、行者动销平台和慧眼大数据系统三大管理系统打通品牌商、终端门店和消费者之间的商流、物流和信息流链，升级百万门店，打造京东便利店新业态。京东便利店并非传统意义上的便利店，而是京东线下版本的创新型智慧门店，即用京东的商业理念赋能线下门店，除了提供优质货源外，京东还将输出品牌、模式和管理。基于京东新通路的三大系统，京东便利店改变了非品牌化的中小门店"信息孤岛"的弊端，用一张智能化的神经网络，将供应链的各个环节打通并连接在了一起，而且做到了开放透明。

第二章 时代的召唤

智慧门店管理系统集商品管理、顾客管理和渠道维护于一体，帮助店主无忧管货、管钱、管顾客。在商品管理方面，利用系统可轻松实现自助订货、库存管理和收银结账。大数据协助店主进行单品管理，店铺运营更智慧。同时，店主还能通过这套系统在无须进货不占库存的情况下，代售京东商城的海量优质商品，提高坪效，扩大收入来源。此外，智慧门店管理系统还提供完善的报表系统，帮店主实时了解和解析门店的经营状况和收入表现，简便易用，彻底改变了传统小店记账困难、账目不清的问题。在顾客管理方面，借助这套系统，店主可以一键将店内商品搬到线上，与周边顾客建立深度连接，沉淀忠实用户。京东还提供了简单实用的营销工具，可以根据小店的经营需求随时随地灵活设置，提升用户黏性，真正卖得好。在渠道维护方面，店主通过特有的任务奖励模块，直接对接专为品牌商终端资源投放而开发的行者动销平台，获得海量的品牌动销资源支持。同时，还能学到全球顶尖的零售经验，提升经营技巧。

行者动销平台专为品牌商终端资源投放而开发，帮助店主获得海量的品牌动销资源支持。通过行者动销平台，品牌商可以根据自身需求精准筛选目标门店，邀请门店参加终端行销活动。店主通过手机接单后，品牌投放的终端资源直接通过京东的供应链系统，与货品同步配送到店。店主将执行结果实时回传，实现资源投放过程的透明可控，并便于品牌商及时监控并优化投放效果。同时，为了保证活动执行到位，京东新通路分布在各地的客户经理会对店主开展同步指导，确保行销活动的执行质量。

慧眼大数据系统是为品牌厂商量身打造的大数据服务平台。智慧门店管理系统和行者动销平台的数据沉淀，最终在慧眼大数据系统中以数据产品的形式呈现给品牌商。凯度零售数据显示，零散分布在中华大地上的非连锁夫妻店超过 600 万家。传统的夫妻店基本是信息孤岛，是数据黑洞，新通路通过慧眼大数据系统聚合数百万门店数据，让品牌商足不出户，就可以跟踪产品流向、洞察门店行为、掌握营销投放效果、识别生意机会，是"数据掘金"的强大工具。

2. 应用新技术探索无人零售新业态

京东 X 事业部成立于 2016 年 5 月，专注于"互联网 + 物流"，囊括京东全自动物流中心、京东无人机、京东仓储机器人，以及京东自动驾驶车辆送货等一系列尖端智能物流项目，为京东物流提供智慧高效的技术支持。基于强大的技术、数据支撑，京东 X 事业部探索开设京东 X 无人超市和京东 X 无人便利店，以技术推动实体零售转型。

无人超市项目是针对传统实体零售模式的一种重大变革，给消费者带来新颖的实景购物体验。京东无人超市主要以生鲜和一般食品品类为主，通过京东全球供应链优势，实现全球 70 多个国家生鲜商品的原产地直采，在商品的种类和品质上比市面上的其他商超都要丰富和优质。无人超市主要包括前场购物区域和后场库存区域两部分。前场购物区域，实现全场景的智能化购物，包括"智能魔镜""智能购物跟随车"等。"智能魔镜"可以向消费者展示所有商品的信息，让消费者更全面地了解所购买商品的产地、年份、品质及食用方法等信息。"智能购物跟随车"将彻底解放消费者的双手，通过定位追踪、图像识别等技术，实现自动跟随和停靠，并在消费者选购完商品后，自动前往购物台，代替用户排队，通过RFID商品识别实现无人化结算。此外，无人超市前场还搭建了智能摄像头、人脸识别等设备，通过记录用户在店内每一个区域的行走、停留的时间，来判定该用户对哪些商品更有购买的需求和欲望。它们还可以用于商品的智能推荐，也有助于优化店内的规划陈列。后场库存区域，将应用京东无人仓储机器人搭建小型化的库房管理系统，实现高效的货物分拣，从拆包入库、商品上架、前场补货到线上订单处理，都做到无人操作。生鲜货物在库房保存时全部采取冷藏冷冻措施，减少商品的腐坏。当前场货架中某商品的数量低于临界值时，后仓会自动触发补货，AGV自动分拣小车将需要补货的商品送到补货口，智能抓手抓取所需数量放置在传送带的周转箱中，传送带将周转箱运送到距离目标货架最近的出货口，智能补货车将周转箱揽到车上，并送到指定货架，补货员流动补货即可。

无人便利店项目配合无人超市，进一步打造了京东线下零售体系的蓝图。用户在进入无人便利店时，只需通过手机将自己的面部信息和账号绑定，就可在店内随意挑选商品。智能价签可自动同步优惠活动。智能补货系统会根据商品的畅销程度、客流量规律、促销力度等自动下单补货，订单直接对接京东商城，配送员可以进入门店进行补货。因为补货为动态补货，且补货订单有提前预判，所以便利店无须配备仓库，提升了空间利用率。用户选购商品后直接走向出口，行走过程中通过 RFID 商标识别区，系统可以识别用户购买的商品明细，通过面部识别从京东账号扣款，就可以完成结账，消费金额直接体现在京东 App 上。根据入库时搜集的信息，可以把控商品的保质期、重量、形状等重要信息。当这些信息发生改变触发临界值时会发出提醒。除了线下购买，门店位置周围 5 千米的用户还可以通过 App 线上下单，门店和线上的库存通过系统完成实时对接，下单成功后半小时内，用户可以在家里收到商品。

从 2004 年上线，京东就开始自建物流，并以自营商品和物流为核心，通过技术研发和业务驱动构建了采购、仓储、物流配送、销售等完整的供应链链条。目前京东在全国 50 座城市拥有 234 个大型仓库，自营配送覆盖全国 2600 多个区县，85% 以上的订单可实现当日或次日达配送，具备完善、高效的智慧供应链体系。

（二）案例分析：苏宁发展智慧零售迈开创新转型步伐

苏宁成立于 1990 年，经过 27 年的不懈努力，从一家传统家电连锁零售企业发展成为全品类经营、全渠道运营、全球化拓展的零售企业集团。在家电连锁时代，得益于国内经济的高速增长和企业自身的高效管理，苏宁实现了快速发展。2009 年，随着互联网应用技术的逐步成熟和广泛推广，国内网络购物趋势日益明显。同时，随着连锁零售网点向乡镇市场渗透，苏宁发现原有单品类线下连锁的商业模式在销售、利润增长上逐步遇到瓶颈，加之传统家电行业零供模式的单一性，使传统连锁模式难以维系，企业自身寻求零售模式创新势在必行。

为进一步挖掘和拓展企业在产业链中的价值，2009 年，苏宁提出"营销变革"，改变以促销、降价和低价迎合消费者需求，以多开店、上规模来吸引供应商的传统零售业务逻辑，转而寻求透过供应商研究商品、管理商品，提升供应链管理水平，通过研究用户需求、以用户为中心提供精准营销和服务，从此迈开了实体零售创新转型的步伐。

苏宁在实体零售创新转型过程中，基于互联网、物联网和人工智能的技术应用和多渠道、多业态的协同，通过感知消费习惯、主动预测消费趋势，引导生产制造，为消费者提供多样化、个性化的产品和服务，打造基于互联网新技术与实体产业融合发展的智慧零售模式。同时，通过产业协同、开放苏宁线上线下零售服务接口，与各类供应商、平台商户、外部平台组织、中小微企业共同构建无处不在、无孔不入的零售生态圈，探索和打造基于数据云、金融云、物流云的互联网零售 CPU 能力。

1. 构筑智慧零售模式

苏宁坚持零售本质，持续推进 O2O 零售变革，充分应用互联网技术，以科技创新、智慧服务为定位，积极促进零售业线上线下融合，推动企业转型升级，构筑了引领行业发展的智慧零售模式。

一方面，苏宁着力打通线上线下，实现线上线下购物流程一体化。在线上，苏宁打造了排名行业前三的苏宁易购平台；在线下，苏宁建设了近4000家互联网门店，门店类别包括覆盖城市核心商圈的苏宁广场、苏宁生活广场、苏宁易购云店，覆盖社区商圈的苏宁小店，覆盖农村市场的苏宁易购直营店，以及专注细分品类市场的超市店和母婴店。以信息技术为支撑，形成门店端、PC端、移动端、电视端、无人售货端等多渠道多端口的融合，从而建立多渠道融合、多业态协同的商业模式。

另一方面，苏宁通过零售全过程的智慧运营，推动有效供给。在智慧采购方面，通过数据易道、数据超市等大数据产品的开放共享，苏宁率先与家电3C行业的主流品牌建立了数据牵引的供应链机制，实现从B2C转向C2B，以需求引导生产。在智慧销售方面，通过使用千里传音、苏宁金矿、店加、苏宁V购、聊天商务平台等O2O营销工具，将用户引流到门店，实现贯通线上线下，互联网化运营。在智慧服务方面，通过自身物流能力的不断拓展和智能家居系统建设等，为企业和用户构筑了数据化、科技化的服务能力和体验。

2. 打造零售生态圈

苏宁在前台互联网化改造取得显著变化的同时，也在持续加速后台核心零售CPU能力的输出和开放，打造基于苏宁数据云、金融云、物流云的盈利模式。

在供应链数据挖掘方面，苏宁通过对线上线下数亿用户数据的挖掘，为供应商和平台合作商户提供一系列精准推广、商品定制和供应链管理等工具和应用，强化双方在信息共享、利益均摊、风险共担等方面的合作，促进双方在供应链管控、资源整合和运营协同等方面的能力提升，共同打造消费需求增长新引擎。

在金融服务融合方面，苏宁金融专注于苏宁海量上游供应商和下游用户在支付结算、融资、保险等金融服务方面的需求，通过发展企业端支付业务和供应链金融业务，为上游供应商、开放平台商户提供无抵押、无担保、全程系统申请的金融服务产品。同时，通过发展面向个人用户的线上支付、线下扫码付和信用消费贷款等业务，提升消费者在各类消费场景中的服务体验。

在物流能力建设和社会化开放运作方面，苏宁通过规模化仓储资源建设、自动化作业设备投入、智能化物流系统升级等方面持续强化物流服务能力和效率的提升。围绕消费需求开展特色物流服务推广和物流应用技术研究，持续提升用户服务体验。围绕上游供应商、平台商户、外部平台合作伙伴在物流能力建设和运营管理上的合作需求，苏宁对外提供合同物流、仓储代运营、仓配一体、供应链金融、仓储租赁等多元化的开放服务产品。

随着技术创新的不断推进，苏宁通过推动门店的全面互联网化、线上平台和移动端的快速发展和 OTT 市场的广泛覆盖，实现了全渠道布局。目前，苏宁线下实体连锁网络覆盖海内外 600 多个城市，拥有购物中心、专门店、超市、便利店等多种业态，近 4000 多家自营门店和网点；线上互联网通过自营、开放和跨平台运营稳居中国 B2C 市场前三。截至 2016 年年末，苏宁零售体系会员总数达 2.8 亿人。

在商品运营上，苏宁易购坚持"巩固家电、凸显 3C、培育母婴超市"的全品类发展战略，并创新变革供应链，深度协同零供关系，加强商品运营及供应商服务能力。目前，苏宁易购的经营品类已覆盖家电、3C、母婴、超市、百货、美妆、汽车用品等；截至 2016 年年末，自营与平台商品 SKU 数量超过 4400 万。

同时，苏宁互联网零售 CPU 能力也逐步凸显，企业运营进入销售快速增长、规模效应提高、运营效益改善的良性发展轨道，并向社会提供数据云、金融云和物流云服务，打造互联网零售盈利的新模式。在数据上，苏宁金融运营智能营销科技为苏宁生态圈中 32 万家企业和 1.8 亿会员构建了统一对公对私 CRM 系统，通过数据有力支撑了个性化精准营销和风险控制，大数据应用支撑系统正在成为助推销售增长的新引擎。在金融上，苏宁金融实现"融资＋支付＋理财"全产品线布局，2016 年苏宁金融交易量超过 5000 亿元并实现盈利，全年业务总体交易规模同比增长 157.21%。累计投放供应链金融 700 亿元、消费金融 200 亿元、支付服务覆盖会员规模达 1.9 亿、保险延保业务服务用户规模超过 500 万人次、众筹类项目成功扶持 1178 个创业团队，众筹金额高达 15.47 亿元。在物流上，苏宁物流围绕基础设施网络建设、物流运营效率提升以及社会化开放运作不断强化核心竞争力，截至 2016 年年末，公司拥有物流仓储及相关配套总面积达到 583 万平方米，拥有快递网点达到 1.7 万个，公司物流网络覆盖全国 352 个地级城市、2805 个区县城市。

第二节　需求 × 商业——消费者主权时代的游戏规则

如果说技术进步为零售的创新提供了外生的牵引力，那么消费者需求的变动和升级则为零售的创新提供了直接的内生动力。居民消费购买力日益攀升，消费主体个性化需求特征明显，消费主权时代到来，对商品与消费的适配度提出了更高的要求，同时对零售升级产生了巨大的推动力。

一、消费"三新"特征

（一）新的消费结构形成

图 2-6 所示为改革开放以来我国人均 GDP 的变化和居民消费结构变动。可见，10 多年来我国人均 GDP 实现了快速增长，2001 年、2008 年、2011 年和 2015 年，我国人均 GDP 分别达到了 1000 美元、3000 美元、5000 美元和 8000 美元以上，根据钱纳里工业化进程的划分，目前我国已经进入了工业化后期的发展阶段，这一阶段的典型特点是第三产业由平稳增长转入持续高速增长、服务业成为经济增长的主要力量。与此相对应，居民消费呈现出明显转型升级的特点。根据 2001 年、2008 年、2011 年和 2015 年我国城镇居民家庭消费支出结构可见，随着经济增长和人均收入水平的不断提升，我国城镇居民消费

结构也出现明显的变动。其中,食品、衣着等物质消费支出和满足基本需求的支出占比逐渐下降,医疗保健、交通通信、教育文化娱乐服务等服务类消费和发展型消费支出占比有所上升。此外,城镇居民在居住方面的支出占比呈现扩大的趋势。可见,我国居民的消费倾向和消费结构都在发生变化,消费升级的步伐和节奏加快,居民消费升级的拐点已经到来。

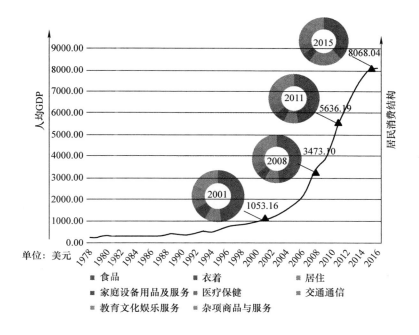

图 2-6 改革开放以来我国人均 GDP 变动与居民消费结构变动

（二）新的消费时代到来

日本学者三浦展在《第四消费时代》一书中将日本自产业革命以来的消费社会划分为四个阶段，分别为第一消费社会（1912—1941）、第二消费社会（1945—1974）、第三消费社会（1975—2004）和第四消费社会（2005—2034）。在这四个消费社会的发展阶段中，日本消费者的消费取向经历了由西洋化、大城市倾向到大量消费、美式倾向到个性化、多样化、差别化、品牌倾向、欧式倾向再到无品牌倾向、朴素倾向、本土倾向的转变。事实上，中国与日本的社会消费发展特点存在极大的相似性，只是以更快的速度实现了向第四消费时代的迭代和过渡，并体现出一些独特性。借鉴三浦展的研究，中华人民共和国成立以来我国的社会消费也可以划分为典型的四个阶段（见图2-7）：生产商主导阶段下的第一消费社会阶段，典型表现为计划经济时代下的物资短缺、凭票购买，这一阶段的社会消费以满足基本生活的物质消费为主，消费偏好呈现出明显的同质化特征；渠道商主导下的第二消费社会阶段，典型表现为由经销商和零售商主导消费市场，这一阶段社会阶层逐渐分化、不同阶层之间消费水平和消费能力出现明显差异，模仿式、排浪式消费是这一时代的典型特点，同时这一时期的消费也具有明显的国外倾向和品牌倾向；随着社会供求关系的进一步逆转和重构，我国社会消费快速进入了由消费者主导下的第三消费社会阶段和第四消费社会阶段。当前，我国消费市场正处于第三消费社会阶段向第四消费社会阶段的过渡期。这一时期的典型表现是，模仿式、排浪式消费时代基本宣告终结，消费的档次被进一步拉开，消费的"羊群效应"逐渐消失，市场需求个性化、异质化、多样化的特征明显，同时，消费者更加注重商品的品质和内涵，绿色、共享、健康等更加成熟的消费观逐渐形成。

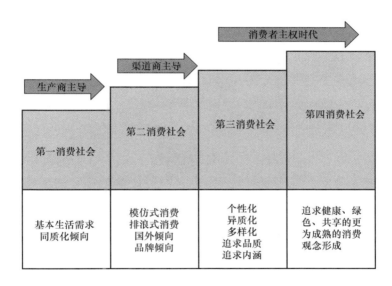

图 2-7 我国消费社会的四个阶段

（三）新的消费主体崛起

根据波士顿和阿里研究院的消费趋势研究报告，新世代消费者、上层中产及富裕阶层，以及网络购物共同构成了中国消费市场的"新三驾马车"，而前两者也恰恰是当前及未来我国消费市场的主力群体。

根据消费特点和消费能力,新世代消费者又可以划分为以"80后""90后"为代表的城市奋斗一代消费者和以泛"95后"为代表的Z世代㊀消费者。上述群体的生活方式、生活理念及由此引致的消费偏好呈现出很多独特性。图2-8是笔者归纳的Z世代消费者、城市奋斗一代,以及上层中产、富裕阶层的特征及特点。

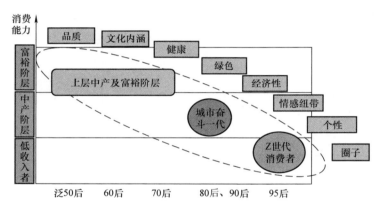

图2-8 我国消费市场主力消费群体

Z世代消费者的特点在于"孤而不独",在"二次元""追星""触屏一代"等一系列标签的背后,是"95后"内心对于身份认同感的追求。在电影《闪光少女》中,我们看到二次元和古典音乐的碰撞,这是"95后"对于艺术的独特认知和理解;"粉丝群""追星族"的背后是不成熟的个体同具有同样审美、相同追求、相同乐趣的同类人群的

㊀ 这里泛指95后,也有人称为千禧一代等。

第二章 时代的召唤

相遇。"95后"群体的"孤"在于他们是触屏一代,伴随他们成长的游戏不再是"丢手绢""老鹰捉小鸡"的集体游戏,而是对着屏幕的"切西瓜"和"消消乐"的个体游戏,这种"孤"使得新时代的消费者更加追求自我、个性。而他们的"不独"在于信息技术的高度发展打破了人与人交往与交流的时空障碍,他们可以在更大的范围内找到能够实现自我认同的小圈子。大多数Z世代消费者尚未走出校园,因此当前的消费能力比较有限,但该群体的消费动力和消费观念比较超前,因此成为当前和未来消费市场的主力。

"80后""90后"的城市青年已普遍步入婚育年龄,这其中分化出两部分群体——单身贵族和年轻家庭,这两个群体的共同特点在于正值事业上升期、生活节奏快、工作压力较大。"80后""90后"的"奋斗一代"也标榜个性化,但其成长的环境注定了这种个性化的背后仍受到自小培养的"集体主义"精神和情怀的约束。年轻家庭形成了以家庭为单位的消费活动和消费偏好;单身贵族则形成了以社交朋友圈为单位的消费活动和消费偏好,追求品质、健康、便利、构建情感纽带的商品和服务成为这一群体的主要消费特点。受制于有限的收入及"房贷""养娃"的压力,城市青年的消费偏好还在于追求经济性,"共享"成为重要的消费特点。

对于上层中产及富裕阶层来说,这一群体的收入水平相对较高,普遍受教育水平也较高。这一群体的典型特点是适应较快节奏的工作和生活,追求品质和品味,更加强调商品和服务的文化内涵和精神内涵,"雅皮士"是这一群体的典型代表。从当前热播的娱乐节目以及影视作品来看,制作精良、演技扎实等衡量作品品质的要素越来越受到市场青睐,这一定程度反映了市场对于高品质文化内容的需求和追捧。此外,健康、绿色等消费理念越发突出。

总体上,当前及未来我国消费市场主力消费群体的消费特征表现为以下几点:第一,当前居民消费更加注重商品和服务的品质、品牌以及生活质量与效率;第二,消费者更加看重商品的个性特征,以期展示自我、实现自我的社会认同,而不只限于满足对物的需求;第三,商品和服务成为情感与情绪的载体,消费者更加关注商品与服务背后的情感纽带和精神寄托;第四,消费者更加关注消费的文化内涵,如商品的欣赏价值、艺术价值和文化特质等。同时,消费市场呈现出明显的多样化消费需求特征,主要体现在两方面:一是不同个体表现出越来越多样的消费需求;二是同一个体在不同生活场景或领域的消费需求可能存在较大差异。总体上,当前我国消费市场呈现出较以往十分明显的不同特点,居民消费转型升级的步伐加快,市场新的主力消费群体的消费偏好和消费特征对商品和服务市场提出了新的供给要求,满足新的市场需求成为商业不断创新和变革的内生动力。

二、需求端引领创新的三大关键内容

新的消费结构、新的消费时代与新的消费群体直接带来的是居民消费内容的丰富性、需求内容的多样性和需求层次的多维度。从市场

第二章 时代的召唤

需求端来看，品位需求、个性需求与高性价比需求已经成为影响零售市场创新的关键内容；满足品位需求、满足个性需求以及满足高性价比的需求成为当前零售市场出现的三个主要方向。

（一）满足品位需求

品位需求主要反映个体的审美偏好和文化追求，强调在消费活动中获得身份的认同和情感、审美方面的满足。

新兴中产及富裕阶层的崛起直接带来的是对于商品和服务品位的更高层次的追求，这种品位需求一方面是新兴阶层对于自身身份认同和寻找身份标志的反映，一方面也反映了新兴阶层需求层次的提升。

根据马斯洛的需求层次理论，人类需求像阶梯一样从低到高按层次分为五种，分别是：生理需求、安全需求、社交需求、尊重需求和自我实现需求。品位需求体现了消费者对于名望、社会地位、身份认同、个体尊严等方面的需求，处于尊重需求的范畴，是个体需求在高层次的体现和反映。针对新兴阶层不断升级的需求，客观上要求零售活动的产出内容要与之相匹配，除了商品本身的品质和品牌，零售提供的分销服务在更大程度上成为满足新兴阶层追求人文、艺术和审美体验这种需求升级的重要载体。

通过有质感的环境和氛围的营造，打造出有质感、有内涵的活动空间，使零售场所本身成为构成消费者身份、地位、社会评价的重要标签，零售服务的内容在实现了商品和消费者匹配的同时，也实现了购物活动和消费者的情感匹配和个体特质的匹配,从而实现了新兴中产及富裕阶层对于品位需求的满足。

(二)案例分析:创造艺术与商业融合之美的方所

方所是以当代生活审美为核心,涵盖书籍、美学生活品、植物、服饰、展览空间、文化讲座与咖啡的公共文化空间。

方所书店成立于 2011 年 11 月,正逢传统书店纷纷倒闭,整个实体书店行业呈现持续负增长之时,方所逆势而生,在一片质疑声中在广州最昂贵的太古汇开设了第一间实体书店,继而在 2015—2016 年间分别在成都、重庆、青岛开设具有当地文化特色的方所书店。方所提出从"书店"到"文化公共空间"的转变,将文化活动与图书、服饰、美学产品、咖啡等业态有机结合,开辟出具有高度联结性的体验式复合功能的新型商业模式,逆行业负增长趋势,近三年平均增长率为 37.6%,带动全国实体书店转型升级和融合发展。2012 年、2016 年两次获得世界零售业大会所颁出的"年度最佳购物场所设计奖",以及中国零售创新大奖。

心灵驿站的定位

方所是在传统书店的基础上附加多功能的新型复合业态,其主营商品为图书、服饰、美学产品、咖啡等,商品之间以文化、美学为纽带形成内在联系。方所店内将书籍、咖啡、艺术品、植物、服饰有机结合并合理融合,以"人文"为主线,为消费者提供一个自在、共享的文化场所，一个静下来聆听心之所需的心灵驿站。

在市场定位上，方所主要锁定于中高端收入群体，"雅皮士"和"文艺青年"是方所最吸引的消费群体。"雅皮士"群体普遍受过高等教育，收入颇丰，独立、富有、集中地代表着一个时代的时尚品位和格调，追求消费的品质与消费的文化内涵。还有一批人，他们是继"小资"后重新又兴起的一个身份标识——文艺青年，以80后、90后为主要群体，他们的精神世界丰富而广阔，追求"低处生活"的自由状态，情绪化对待真实生活；他们超过真实理解力的表现出对艺术的偏爱。尽管消费能力有限，但他们中的大多数人有文化、有审美、有情怀、有选择的标准、喜欢精神世界里的追求，他们也形成了一个追求品质、内涵的独特消费群体。这两类消费群体的共同消费偏好在于具有一定消费能力，且对消费活动的品质、内涵、文化的偏爱和追求。

方所的主要做法可以概括为以人文为主线、以主题文化打造新型消费空间。区别于传统书店业态，方所以人文为主线，将书店、咖啡、艺术品、植物、服饰和生活美学等商品和服务集聚于一个空间，以主题文化开展营销活动吸引消费者到店，使艺术与商业跨界融合。方所将其倡导的"新美学生活体系"融入店内的每处空间、每份设计及每个产品上，通过这些店内设计与产品组合来传递企业文化与品牌内涵，让消费者亲身感受、体验、感知、理解并接受方所的文化内涵，同时激发了购物欲望。与苹果、星巴克的做法如出一辙，方所将品牌与零售之间的关系提升到一个新的高度——将品牌建立在消费者体验的基础之上,如此一来,消费者就不会把方所的产品看成大众化的商品,而是具有生活品质和人文情怀的符号化了的商品。消费者认同了这种文化符号,也愿意为其高价钱买单。如此,艺术为商业价值的实现锦上添花。下面以广州方所为例,介绍其书店、咖啡、植物、生活美学等几大板块的具体做法。

1. 方所·书店——行家的书店

尽管方所不是一家纯粹的书店,但书店区域依然占到一半以上空间,是方所的主体区域之一。为避免与网上书店的直接竞争,在书籍选择上,方所采取了"差异化战略",店内图书以艺术、设计、文学等相对小众的读物为主,涵盖了全国各地最好的各类出版品以及部分外文书籍。方所在选书方面相当严格,专程请来在台湾诚品书店有20年工作经验的罗玫玲和大陆方面的专家蒋磊负责选书,当然,管理层也会参与到整个选书过程中、共同商议。目前,方所书店内80%的书籍为港台出版物,20%的书籍为国外书籍,店内大多数书籍在国内其他渠道难以买到。方所"以知识体系、思想谱系为读者搜罗书市少见书目,提供国际出版视野与华文阅读趋势,传达知识的壮阔与高远"。

在店内的整体书籍组合上,方所展现了专业选书的诚意,细心为读者设计了更辽阔、更细致的读书方法,因而被称为"行家的书店"。在书籍陈列上,店内分成两种陈列类型:一方面,店内书籍按照诗歌、小说、儿童读物、经济、管理、设计、艺术以及海外区、港台区等类型进行分区陈列，读者可以在各个区域找到所需书籍，所有书籍置于总长超过100米的外围书柜供读者取阅；另一方面，方所还在长廊中间放了几个1立方米左右大小的木质方桌，陈列推荐书籍。方所为消费者提供高度专业化的书籍搜索服务，定期按照某一主题陈列相关书籍，书籍类型丰富，呈现出趣味性与当代性。通过主题选书，方所让静态的书店更生动地反映动态的世界，也通过这种专业化的服务对品类众多的图书进行整合，为消费者节省了大量的选书时间。例如：在主题选择上，聚焦"绿生活主题"这项当前的世界议题，会选择包括绿建筑、有机生活、环境保护等相关书籍；又比如"向伟大的女性致敬主题"，网罗世界上伟大女性的传记和著作，向这些不让须眉的奇女子致敬，等等。同时，方所店内设置了一个9米墙，展示推荐书籍。具体包括方所推荐书籍、媒体推荐书籍、网络热议书籍（年轻人的意见领袖推荐）、名人（邵忠、梁文道等）的阅读生活，以此为消费者提供多种不同选择。此外，方所书店也通过书籍的快速周转保证店内书籍持续更新，及时满足消费者的最新需求。

2. 方所·咖啡——品味文学，感受浪漫

方所咖啡空间的LOGO是表示说话的冒号"："，意味着这是一个交流对话的场所。方所对空间规划所强调的实验性与艺术性也延伸至此。方所的menu充满设计感，menu的前半部分是文学著作，后半部分为真正的menu，其上的咖啡、茶、蛋糕等各种品项前都串连诗句，将咖啡区的每一种产品都赋予浓郁的文学色彩和浪漫主义情怀。从产品上看，咖啡区提供来自中美洲、南美洲、非洲、亚洲的咖啡品种，咖啡产地本身就构成了隐约的世界地图，体现了方所呈现的包容性和共享的态度，而由方所精选调制的咖啡凸显了小农手工精选咖啡豆的手感技艺，保证了咖啡的纯正品质。除咖啡外，独特的甜品以及其他饮品也满足了消费者多样化的需求。咖啡区流线型的简约艺术设计、温馨柔和的灯光共同营造出与众不同的视觉感受。煮咖啡时的嘶嘶声、金属铲翻动咖啡豆的沙沙声、黑板上白色粉笔写下的诗歌、配之空中回旋的轻音乐，烘托出独特的浪漫情调。景德镇精心烧制的杯盘陪着咖啡的淡淡香气，无不刺激着享用的欲望。同星巴克的理念如出一辙，在方所咖啡区，人们不仅仅品尝咖啡，还是享受一种体验、一种身心放松的方式、一次文艺与浪漫的经历。目前，咖啡区的销售额已达到方所总销售额的20%，咖啡及独特的甜点已经成为方所吸引消费者的重要内容。

3. 方所·服装——文化挖掘，体验品位

在方所店内，紧邻门口的是其服饰设计区。以原创精神为主导的设计师品牌"例外"女装，将东方哲学融入衣饰设计，从"中国制造"到"中国设计"，经历16年品牌发展与塑造，从东方到世界，在文化艺术层面不断探索和实验。此外，这里还有"例外"推出的首个男装实验系列，以及日本时装大师山本耀司于1986年创立的家居生活系列"Y's for living"，商品包括居家服饰、配件和同系列风格的寝具，全部以顶级的天然素材制作。方所的服饰设计区将服饰赋予文化内涵与人文情怀，主打高端客户群体的"例外"服装不仅是价格与质量上的高水品，更是内涵上

的提升。我国的"奢侈品"不仅是身份、地位的象征,更是文化、品位、生活质感的象征。

4. 方所·植物区——爱物惜用,以手传心

方所的植物区也是其独具特色之处,用植物传达"爱物惜用,以手传心"的态度。绿色植物具有生生不息的力量,因而植物区使整个方所更加有生命力。致力于传统手工艺的活化,方所为植物选择的器皿多由纸、铜、竹、石等可循环再生的天然物质制作。同时,方所将创意设计注入绿色植物,每一个绿色植物都是一种独特的艺术设计品,给消费者带来独一无二的品质体验。尽管方所绿色植物的定价较高,但其品质有保障,且其独一无二的设计引领潮流,加之绿色植物区配有相应的设计、培育植物方面的书籍,为消费者提供了个性化和周到的服务,因此消费者乐于为此高品质、高价格买单。在方所植物区,消费者购物后才是交易的开始,方所为消费者提供贴心、周到、长期的售后服务。

目前,植物区是方所未来努力发展的部分,方所致力于培养自己的植物医生,打造后场培育花房,同专业的陶器、盆器烧制坊合作,加强物流建设,对全产业链进行整合,为消费者提供更加个性化、一体化的整体服务。未来,方所植物区仅仅是展示场所,其整体营业体系要走出去,开拓更大的发展空间。

5. 方所·生活美学——品质生活

方所的生活美学区网罗了来自全球的生活美学商品。这里既有主

打高端市场的国际一线设计师设计的生活工艺品,又有面对青年消费群体的主题商品。在生活工艺品方面,有超过 40 家的品牌第一次引进广州、超过 20 家的品牌首次引进中国。方所延揽新锐当代设计品牌及传承超过百年的老店手艺之作,汇聚老中青三代国际知名设计师作品,以主题陈列的方式展出,传达精微的思考与内涵,展现设计精神的衍变脉络。最重要的特色之一是代表古典复兴之百年老品牌的汇集;而来自意大利、西班牙、日本等多家手工作坊的纯天然、纯手工商品也在此得以精心呈现。这部分面对青年消费群体的美学商品主要涵盖六大主题:自然环保手感、织品、纸品、设计新赏、设计文具、儿童童玩。这些商品大多从日本和韩国进口,定价较高,但独特新颖及品质保障仍吸引了很多年轻人。目前,生活美学区对方所整体营业额的贡献率达到 20%,而方所预测这一比例还会继续增长。与此同时,方所正积极同中央美术学院、广州美术学院等艺术院校的老师、同学进行合作,由方所帮助设计师实现工艺生产和最终销售。未来,生活美学区将成为方所的核心区域,主打我国自主品牌的设计产品,以推广东方文化与东方情怀。

6. 方所·展阅与文化活动

方所的主体区由书店区(见图 2-9)、咖啡区(见图 2-10)、服饰设计区、植物区及生活美学区五个板块组成。除此之外,方所还设置了一个开放空间,邀请新观念、新创作、跨世代艺术进行展阅。展阅内容涵盖设计、摄影、服装、工艺、主题等,迄今为止已举办了 9 场大型展阅展览。此外,自方所的第一天启始,多元的系列文化活动持续举办,小说、诗歌、戏剧、音乐、设计……各种文化趣向与探索在此呈现、议论、交锋、展延,迄今为止已达 70 多场。方所这些展阅与文化活动吸引了大量消费者参与。

图 2-9　方所书店区

图 2-10　方所咖啡区

（三）满足个性需求

泛 95 后群体在消费市场的崛起直接给现有零售市场带来了新的机会和挑战，这主要源于个体消费者的异质性在该群体中表现得尤为明显，伴随而来的是市场需求的日趋个性化。

相较于 80 后、90 后群体，泛 95 后群体的成长轨迹与互联网在我国的发展轨迹基本重合。在互联网环境下成长起来的这一群体更加开放、包容，崇尚思想的自由，追求具有个人特征的人格塑造，强调"我"的与众不同。腾讯的《00 后研究报告》概括出了 00 后的价值观：具体表现为对己的"懂即自我"、对事的"现实"、对社会的"关怀"以及对人的"平等""包容"和"适应"。其中"懂即自我"的自我认知态度被解释为"以对某领域的深刻见解和成果来定义自我"，这一定程度上反映了该群体对于个性的追求。

这一群体的兴起进一步推动了商业社会的裂变和重组——零售活动的要素以更快的速度由"物以类聚"向"人以群分"的原则来进行重构；零售活动不断打破原有的经营边界和次元壁，通过跨界融合构建起更为个性化的零售空间；零售活动不断通过商品和服务组合的创新来为追求个性的新兴消费者实现自我认同和自我价值创造提供载体；通过大数据的收集和分析掌握消费者个性化的需求，并制定精准的营销组合和内容组合来满足个体需求。

(四)案例分析:良品铺子的个性营销

湖北良品铺子食品有限公司成立于 2006 年,是一家致力于休闲食品研发、加工分装、零售服务、线上线下一体化运营的专业品牌连锁公司。2012 年,我国电子商务市场高速增长,高成本、低效率的传统零售模式逐渐被打破,国内传统零售企业在电商的巨大压力下不得不开始寻求触网转型。在此背景下,2012 年 10 月,良品铺子电子商务公司正式成立,以入驻天猫、京东、1 号店等电商平台的方式开始开展线上业务。2013 年,良品铺子成立了电商物流部门,为电商渠道设置专门的 SKU,并先后在全国各地设立仓库,实现线上订单在全国范围 48 小时内送达。在后续经营过程中,良品铺子开始探索线上线下一体化的全渠道运营,以实现更好的转型。

1. 全方位打造全渠道经营平台满足消费个性需求

一是打造首个国内食品零售行业全渠道平台。2015 年,良品铺子投资 8000 万元,与 IBM、SAP、华为等企业达成战略合作协议,共同开发 O2O 全渠道业务平台,于 2015 年 9 月正式上线。该平台打通良品铺子前、中、后台,整合 10 多个系统中共计 37 个线上平台,打造了"六大中心"——商品中心、价格中心、营销中心、会员中心、订单中心和库存中心,整合线上线下渠道,实现全渠道会员管理和企业运营。

二是启动手机 App 项目。2017 年,公司投入 800 万元正式启动

App 项目，良品铺子 App 将作为公司全渠道的连接器，承担公司 2000 多家门店拥抱互联网的重任，在实现门店数字化经营、全渠道会员中心、消费品质升级等战略方面发挥主导作用。App 上线 3 个月经过 5 个版本迭代，实现了全渠道的会员通、订单通、商品通，社交订单覆盖全国所有省份，为满足会员消费升级需求的良品甄选系列积累超过 2 万人次消费。

三是优化线下门店经营模式。良品铺子正在"单渠道—多渠道—全渠道—全融合"的进化过程中，渠道不再是简单的物理或空间的区别。"门店+手机"将成为未来零售行业的最佳业务模式的展示；"手机"将为门店创造新的场景销售和新增流量机会，线上订单线下门店配送或自提等新的场景实施将有效地提高企业运行效率。未来，门店除了承载购物体验之外，还会发挥社区功能，成为生活服务中心。

2. 企业数字化转型推动个性化营销

一是打通各线上平台的数据壁垒。良品铺子的线上渠道包括自有 B2C 商城、第三方电商平台、微信商城、积分商城等，各渠道的运营数据等相互独立。面对这一情况，良品铺子整合各个线上渠道，从过去的依靠单一触点获取片面、模糊的客户数据，转变为通过全渠道的触点获得全面、多样化的全方位数据，打破数据壁垒，为管理决策提供全新洞察数据基础，推动企业转型创新和效率提高。

二是应用大数据分析实施个性化营销。整合分布在不同渠道的用户数据和交易信息，基于数据分析获得洞察，对全渠道会员营销计划统一管理，实现营销事件自动触发机制，初步建立了会员生命周期自动化管理。通过线上线下全渠道会员数据融合，建立统一客户视图，将消费者有效地分群，对会员实现标签化管理，实现灵活定价、个性化产品定制和促销，从而为消费者及会员提供差异化服务。无论是手机 App 背后爱吃辣味零食的"90 后"女生，还是办公桌电脑前偏好坚果类产品的白领青年，良品铺子都能根据其职业和生活方式特点，推荐不同的搭配零食，以满足不同群体的需求。

三是实现全渠道的消费者一致性体验。消费者无论是通过 App 还是天猫等第三方平台登录自己的账户，都能获取一致的购物推荐和折扣体验。成为良品铺子的会员后，任意平台的消费都能实现积分共享，会员能够随时随地按照自己喜欢和方便的方式兑现会员权益，由此实现全渠道客户接触点的自由转化，也让消费者在各渠道获得一致的购物体验。

3. 一体化供应链满足消费者不同喜好

一是优化全渠道品类管理体系。良品铺子以往采用的门店叫货模式已经很难满足企业快速扩张带来的业务需求，以及不同地区消费者的不同喜好。为了更好地实现高效的商品配置，良品铺子进一步优化全渠道品类管理体系，整合线上线下各门店的商品品类数据、陈列空间数据、消费行为数据和库存数据，并利用大数据分析技术进行分析。

根据大数据分析结果，管理者可以预测不同季节各个门店的热销产品，指导货品陈列与打折促销活动，让门店更智慧，让消费者随时都能买到心仪的零食。

二是优化库存计划机制。通过全渠道平台的搭建，良品铺子确立了电商到集团的库存计划机制。从店铺预测、事业部计划，到集团的补货，再到工业公司的配货，打通供应链上下游，实现了"库存—订单—发货—快递—消费者"整个过程的管理监控，对于销货量与补货量控制得非常精准。同时，买卖双方均可随时随地通过移动设备查询货物库存，帮助企业实现敏捷物流配送。

良品铺子在"互联网+"的时代下不断探索业务创新和企业转型，线上商城与线下实体店面相结合的全渠道经营形成了良品铺子的独特经营模式。全渠道、数字化和供应链体系的建设有效改善了门店商品配置与消费者需求的错配，提升了品类管理和库存管理效率，促进实现以销定产、以量补货，提升了资金使用效率和消费者购物体验。

2016年，良品铺子全渠道销售近60亿元，同比增长33%，其中线上销售额收入近18亿元，同比增长63.6%。全国纳税近3亿元，在武汉市缴纳税收近2亿元。2016年"双11"线上单日销售额1.6亿元，第三方平台单日订单量163万单；"双12"线下单日销售额0.58亿元，远超同行业其他品牌。凭借全渠道的布局，全渠道的会员总数超过3780万，2017年全渠道销售预计可达80亿元。

目前，良品铺子开发了炒货、话梅、果干、肉制品、素食、海鲜制品、糕点、糖果、养生冲调、进口食品等11大品类的1200多种产品，拥有线下门店2100多家，事业版图已扩展至湖北、湖南、江西、四川、河南五省和深圳、苏州、西安三市地区。良品铺子全国员工总人数已超过1万人，其中武汉市5000多人。2017年，良品铺子入选"湖北百强企业""武汉百强企业"，并同时入选"中国服务业500强"。

（五）满足"憧憬自由之丘"的高性价比需求

在关注中产及富裕阶层、新世代消费者这些细分市场的同时，传统的中低收入群体仍然不可被忽视，处于金字塔较底层市场的消费群体的需求升级也为商业的创新和发展提供了新的机会。

正如大前研一在《M型社会》中提到的，中低收入群体追求的也不再仅仅是低价，他们有着对于"自由之丘"的向往，因此如何以较低的价格给低收入消费者提供超过其预期的体验和服务就是未来商业发展的要义。从我国当前消费市场的实际来看，各阶层、各地区的消费者都体现出明显的消费升级特点，但由于原有消费水平存在梯度和差距，因此各阶层消费升级的路径和表象并不完全一致。而处于金字塔较底层市场的中低收入者的需求特点表现为对价格敏感的同时，有了对于品质、服务和体验的追求。这就要求商业供给的内容不仅是低价的，而且是丰富的、高质的；仅仅价格上的绝对低廉已经无法满足中低收入群体的需求，高性价比才是针对该细分市场的零售商追求创新的方向。

在提供"憧憬自由之丘"的高性价比的零售活动方面，日本企业为我们提供了很好的案例；而随着越来越多国内零售企业意识到金字塔底层市场需求升级所带来的巨大空间，国内相应的零售创新活动也逐渐涌现并受到了广泛的市场好评，典型的就是主营百货用品的"名创优品"以及主营品牌服装的"唯品会特卖"。

（六）案例分析：名创优品的零售之道

网络零售的快速发展对百货类零售企业造成极大冲击，而现有市场上百货类小商品鱼龙混杂、假冒伪劣充斥其中，影响消费信心和购物体验。以实体零售联营为主的经营模式造成渠道陈旧、价格虚高，加之成本上升、网络零售冲击，实体零售面临前所未有的困难和挑战。随着居民消费的不断升级，消费者对于商品质量和体验服务的需求越发明显；尤其是城市中低端收入群体，在追求商品低价位的同时，也越来越重视商品的品质和购物的体验。进行精准市场定位，摒弃暴利思维，压缩流通成本，破除优质与低价的矛盾是实体零售创新发展的重要方向。名创优品秉承"解放大众生活压力，提升一代人幸福感"的普惠精神，以日用百货为核心业务，以优质、低价为切入点，创新了商业模式，开启了新的消费领域。名创优品业务涉及互联网设计、实体零售、电子商务，门店遍布新加坡、菲律宾、马来西亚、阿联酋、澳大利亚、加拿大、韩国等近30个国家和地区。

1. 目标顾客清晰

名创优品主要经营的品类为快消品、小百货，目标市场定位于年轻女性消费群体，且这类群体受制于有限的收入水平，但追求一定的消费品质。可以说，90 后中低收入的年轻女性，尤其是学生群体是名创优品的主力消费群体。

2. 三高三低的经营哲学

"高品质、高效率、高科技，低成本、低毛利、低价格"（"三高三低"）是名创优品的经营哲学，名创优品通过优质低价战略、强大的供应链管理能力迅速占领了日用百货市场。

（1）如何做到优质低价

选用品牌供应商，保证产品质量。名创优品的供应商均经过层层筛选，优质的供应商保证了产品品质。名创优品约有 80% 商品从中国工厂中订制采购，且工厂几乎全部为外销企业，其制造标准往往高于内销工厂，较好地保障了产品品质。刀叉套装供应商是专业做不锈钢餐具出口的嘉诚集团，该集团也是风靡全球的厨房神器"双立人"的供应商；"MINISO 瓷颜肌"彩妆系列供应商是全球影响力最大的化妆品集团——莹特丽集团；"花漾香水系列"供应商是全球五大香精公司之一的奇华顿（Givaudan）。

强化创意设计，提高产品附加值。在保障产品质量的同时，名创优品以消费者需求为重点强化创意设计,通过设计提高产品附加值。每年的设计研发经费基本超过1亿元。追求极致简约、简约风和时尚感。搭建设计师共享平台,个人设计师将设计作品上传至平台,名创优品通过比选,进行买断或者按照销售额提点给设计师,形成自动自发的产品设计机制。

规模化采购、买断制经营降低成本。名创优品自创立之初,就以大规模连锁化经营为目标,即使在起步阶段,也以50家、100家门店规模采购,所有产品均以万为单位下订单,如今1800多家门店的采购量更是非常庞大,通过"以量制价,买断供应"摊薄生产成本,使优质低价成为可能。另一方面,公司摒弃暴利思维,让利消费者,毛利率控制在8%左右。目前名创优品共有广州、常熟、武汉、成都、廊坊、沈阳、西安、新疆八大物流仓储中心,产品不会经过任何分销层级,直接从生产到门店,保证门店70%的产品价格控制在10元以内,不会让消费者产生任何购买负担。买断制供货一方面可以增加谈判筹码、争取到较低的供货价格,另一方面承担了较大的销售压力,倒逼名创优品在产品研发上下足功夫,确保每个产品都是爆款,具有超高的性价比。此外,名创优品进行广告营销,依靠口碑进行宣传,无须消费者为广告费用买单。集中采购产生的规模经济效应使名创优品以高品质、低价格迅速赢得市场。

(2) 如何做到优质高效

名创优品产品涵盖生活百货、创意家居、健康美容、饰品系列、文体礼品、季节性产品、精品包饰、数码配件、食品系列和纺织品系列十大门类，约有 3000 个 SKU，形成市场调研、研发设计、物流于一体的高效供应链管理体系。

加强研发，从设计端把控供应链。名创优品在全球有 300 多个时尚买手和研发人员，从日本、韩国、瑞典、丹麦、新加坡、瑞士、美国、法国等国家捕捉设计元素，根据各个国家不同的需求点做调查再进行研发。名创优品每月研发约 500 款产品，经过层层测试，筛选出市场最需要的 50 个以内的产品上架，形成"爆款＋刚需产品"，切实满足消费者需求。一般百货店的商品流转时间为 3~4 个月，名创优品可以 7 天上一次新品，21 天全店货物流转遍，让消费者对产品始终保持新鲜感。

供应链协作配合，提高运营效率。名创优品很早就筹建了价值 3000 万元的 IT 信息系统，该系统由店铺订单系统、供应商登录系统、企业 OA 系统等 10 多个系统构成。名创优品将数据分析引入供应链管理，作为物流系统运转的"指挥棒"和"校正仪"，通过数据监控、盘点、分析等手段，确保商品与数据的一致。数据可以反映很多问题，比如通过店铺的销售数据，可以看到商圈的消费水平及消费者青睐什么商品，由此制定经营策略，把适合整个商圈的产品配送到门店。通过抓取终端的销售数据进行采购评估，分析整合数据后向供应商下达生产指令，供应商交付产品至指定的仓库，结合后台销售数据和前台店铺需求，再向物流中心下达详细的商品配送订单，之后使用电子射枪分拣货物，并基于店铺位置、商圈距离等数据，设定最优配送路线，供应链的协调配合极大提高了运营效率。

（3）互联网思维增加消费者黏性

名创优品在创立之初就奠定了"互联网思维"，奉行"优质""低价"的名创优品，其实是"实体零售＋互联网"，给传统零售连锁注入了互联网内核。名创优品强化微信公众号运营，通过消费者扫码关注即送购物袋的方式迅速累积消费者资源，目前粉丝超过 1000 万，基本是 18~28 岁的互联网核心人群，都是来自于已经深度体验过线下门店的消费者。这些优质粉丝比起很多单纯线上粉丝具有更高的品牌忠诚度。名创优品通过对 1000 多万粉丝的维护达到口碑宣传的目的。目前名创优品的微信公众号头条平均阅读量已超过 50 万，最高达到 100 多万。围绕微信公众号，名创优品建立了互动渠道，专门推出会员积分、会员生日积分翻倍、优惠券、抽奖游戏等多重特权福利回馈粉丝。不仅如此，品牌还经常通过微信、支付宝支付展开一系列优惠活动，给消费者带来实实在在的便利和实惠，通过线上线下互动营销增强消费黏性。

图 2-11　名创优品

（七）案例分析：唯品会的在线品牌特卖模式

2008年恰逢全球金融危机，各行各业都遭受了前所未有的冲击，我国的服装行业在经济不景气的大环境下，面临库存高企等巨大难题，服装品牌商、经销商等皆有大量商品积存。据不完全统计，当时我国服装行业的库存商品足够国人未来几年的消耗。同时，在全球金融危机的冲击下，电子商务帮助企业拓展市场、降低成本、提高效率的特性日益凸显，在社会经济生活各个领域中的应用也日趋广泛，成为我国现代服务业的重要组成部分。此外，国内消费者以低价格淘到心仪品牌产品的需求十分强烈，客观上需要一个专业的品牌折扣网站的出现。在这一背景下，唯品会抓住了市场空白带来的商机，将自身打造成为一家专门经营品牌特卖的网站，通过超低折扣的正品特卖满足了消费者的需求，迅速积累了大量客户。唯品会的主营业务为在线销售品牌折扣商品，涵盖名品服饰鞋包、美妆、母婴、居家等各大品类，在中国开创了"名牌折扣 + 限时抢购 + 正品保障"的电商模式，被形象地誉为"线上奥特莱斯"。

1. 以"名牌折扣 + 限时抢购 + 正品保障"的商业模式吸引消费者

一是名牌折扣。不同于当时其他大中型B2C网站，唯品会定位于在线正品特卖网站。成立之初，每天早上10点，唯品会网站准时上新100个品牌，涵盖时装、配饰、鞋、美容化妆品、箱包、家纺、皮具、香水、3C、母婴等。在后期发展中，唯品会增加了"晚8点专场"以满足消费者需求。每天早 10 晚 8 准时上线 200 多个正品品牌特卖。目前，唯品会累积了 20000 多个合作品牌、2000 多个独家合作品牌，低至 1 折的超低折扣让精明的时尚达人轻松享受品质生活。

二是限时抢购。唯品会的名牌折扣商品销售的另一特色在于定期、准时。网站定时 20 分钟清空购物车、30 分钟取消未支付订单，缩短消费者的犹豫时间，实施"闪购"模式。同时，唯品会提前一周公布新品牌上线时间，品牌上线后，实施 3~5 天的限时特卖，一个品牌一个月之内最多特卖一次，一年不能超过 10 次。这样做一方面满足了消费者对于特价产品的需求，另一方面避免了品牌经常性打折造成的品牌形象损害，以限时抢购实现推动和宣传品牌的正面效应。

三是正品保障。作为我国在线特卖模式的开创企业，唯品会实施 100% 正品承诺，采取多种方式保障正品。首先，获取品牌或渠道授权。唯品会所销售的商品均从品牌方或一级代理商正规渠道采购，并与之签订战略正品采购协议。其次，严格审查供应商。唯品会与所有品牌商的合作，都必须经过至少 3 个月的严格审查评估，营业执照等五证、产品检验报告及品牌授权许可文件缺一不可。对于进口的商品，要求供货商必须提供进关单据等通关文件。对于 3C、化妆品、食品等产品，要依据国家规定提供相应商品的销售资质证书。再次，产品上线销售前检验。唯品会在上线前对供应商产品的样品进行检查，发现样品不符合要求时，会要求供应商重新提供，若未在规定时间重新提供合格样品，唯品会将根据不同情况对供应商的货品进行延迟上线、取消上线档期或不予上线等处理。

2. 建立互利共赢的零供关系，保证货源稳定

稳定的正品折扣商品供应是唯品会持续发展的基础。为保障稳定的货物供应，唯品会基于自身的电商平台与大数据资源，与品牌商建立互利共赢的长期稳定合作关系。

一方面，唯品会采用品牌合作商寄售方式进行限时销售。因此，在前期无须支付商品采购费用，货品入库后再销售品牌合作商的库存产品。活动结束后，唯品会将剩下的商品退回给供应商，再按照实际产生的费用进行结算。通过此种销售模式，唯品会不需要自己承担库存积压风险，减少了资金积压和成本。

另一方面，唯品会也为品牌合作商提供了更多增值服务。例如，新款测试一直是困扰品牌商的大问题，以往主要采用新品发布会收集信息和听取经销商的反馈，很难直接获得消费者的意见。唯品会利用大数据库资源，为品牌合作商提供新款测试服务，品牌合作商可以自己选定销售区域、价格、款式来迅速测试消费者的反应，为新品上市提供一手数据。因此，唯品会吸引到越来越多的品牌合作商将新品在其平台发售。截至2016年，唯品会已经签约的品牌合作商达到20000家，进一步巩固了唯品会在正品品牌特卖领域的优势。

3. 优化服务形成消费者黏性

首先，唯品会通过提供"正品保险"服务和"七天无条件退货"

等售后服务，强化了消费者对唯品会的信任度和黏度，消除消费者在平台上购买商品的后顾之忧。唯品会首创太平洋保险公司正品保险模式，为网站售卖的品牌商品购买了"正品保险"，由太平洋保险进行承保。消费者在唯品会购买商品后，90天内若发现所购商品非名牌正品，即可通过保险理赔手续，得到全额赔偿。同时，唯品会严格履行7天无理由免费退货的承诺，有效地建立了公司在消费者中的信誉和口碑。

其次，唯品会通过物流全流程自营以保障服务质量。在2014年之前，唯品会构建了以我为主的物流配送管理机制，主要措施如仓储自有、配送外包等。唯品会在华北、华南、华中、华东和西南地区建有五大仓储中心，进行特卖的商品需提前备货到四大仓库，借此提升供应链的响应速度和消费者服务水平。2014年之后，唯品会在综合实力有保障的基础上，开始探索仓储自建、配送自建与外包相结合的物流配送模式。2015年，唯品会自建了物流配送网络品骏快递。截至2016年年底，唯品会建立分拨中心56个，直营站点2400个，在全国拥有240条干线物流，1500条支线物流，自建落地配送系统承担公司90%的订单配送。

再次，唯品会通过建立统一的400电话客服系统和网页在线服务系统，以保证用户与唯品会之间沟通的高效与畅通。目前，唯品会的客服中心人员有1800人，为用户提供业务咨询、办理、保障、投诉、建议、推广、调研等服务。客服部门还开通了服务监督邮箱、微信客服、官方

第二章 时代的召唤

微博、留言板等多种新型服务方式,为会员提供全方位的服务。

经过10多年的高速发展,唯品会已成为全球大型的特卖网站,2016年,在中国B2C购物网站交易规模排名中,唯品会在全国排名第3,在广东排名第1。2017年,在美国零售行业杂志《Stores》联合德勤发布的《2017全球250强零售商排行榜》中,唯品会蝉联"全球增速最快的顶尖零售商"。唯品会基于互利共赢的零供关系,吸引到越来越多的品牌商在平台上发售新品。截至2016年,唯品会已经签约的品牌商达到20000家,进一步巩固了唯品会在正品品牌特卖领域的优势。截至2016年年底,唯品会注册会员数达到3亿,日独立访客超过2000万,日均订单量90万单。同时不断完善的配套服务推动提升消费者黏性,2016年唯品会用户的重复购买率超过70%,重复购买用户的订单量占到订单总量的90%,老用户的潜力在不断释放。

第三章

新零售的韵律

第一节　请回答，2016

自2016年开始，国内零售行业的发展进入了新的阶段，在经历了O2O的盛行和全渠道的蓬勃发展后，一个又一个新的名词在2016年开始出现——"新零售""零售革命""智慧零售"。盒马鲜生、小米之家、超级物种……新的零售形态持续出现，在经营形态、商业模式等多个方面给市场带来了冲击和惊喜。新概念的出现伴随着零售实践的持续创新，引发了学界和业界的广泛关注和讨论。人们质疑零售是否有新旧之分，讨论着以"新零售"为代表的零售创新的本质内涵，并在实践中尝试对这些新的概念进行阐述和回答。毫无疑问，这些新名字和新实践的出现是零售"大佬"们对于我国零售行业下一个战略机会的预判，而更为本质的是，零售经营者在不断的探索和实践中尝试回答关于我国零售发展方向的重要议题。零售从业者、研究者、实践者、开拓者们都在试图回答一个问题——蓬勃发展的中国零售行业应朝何方继续前行？

雷军、马云、刘强东、张近东等业内领袖纷纷给出了对于中国未来零售业发展的预判，尽管在表述上有所不同，"新零售""第四次零售革命""智慧零售"等一系列新名词都反映出了业内领导者们对于零售创新方向的共性判断——未来的零售创新是在新技术下驱动的商业要素和商业资源的重新配置。2017年，阿里的盒马鲜生打响了"新零售"实践的第一炮，也使"新零售"成为当前零售创新的代表。"新零售"似乎成为中国零售行业发展方向的启明星；国内商业活动及业界的众多相关活动大多以"新零售"来冠名，以体现其创新性和前沿性。那么"新零售"到底新在何处？"新零售"的背后到底折射的是零售活动的哪些创新？这种零售创新与已有的零售创新究竟有何区别？传统零售与"新零售"之间到底是高下之分，还是仅仅是商业组织模式的左右之别呢？这些都是本章试图分析和解答的问题。

在对"新零售"进行分析时，首先要回到"零售"本身，对于零售的经济本质进行全面的了解。所谓零售，是指针对最终消费者的销售活动，是一种直接面对消费者的商品交易方式。以零售为代表的商品迂回交易方式出现的原因在于，一项交易的完成必须满足交换双方在交换品种、交换数量、交换时间、交换地点以及所有权状态等条件上完全契合，但在实践中这种契合非常难实现。零售商以中间商的角色参与商品交换，使交换双方"双向契合"的实现成本更低，商品交易的过程更加有效率。零售创新实践如图3-1所示。

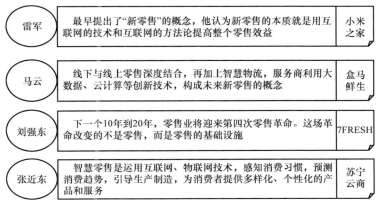

图3-1 零售创新实践

零售活动兼具了生产性和服务性的特点，其产出并非工业生产活动产出的有形商品，也并非纯粹的服务业生产活动产出的无形的服务，零售活动的产出是"有形商品＋无形服务"的组合。美国学者贝当古将零售活动产出的无形服务称为零售的分销服务，具体包括零售商的环境服务、品类服务、区位服务、交付服务和信息服务。[一] 对应零售活动的产出，消费者在进行消费时，支付的不仅是商品本身的价格，而是包含商品价格和分销服务价格的"消费者全价"。零售商的生产成本与消费者的成本之间存在着成本转移，即随着零售商分销服务水平的提升，消费者相应的交易成本（包括时间成本、交通成本、调整成本、心理成本、储存成本和信息成本）会降低。贝当古进一步总结出零售组织的经济实质，他认为，零售组织的经济实质在于能够为消费者提供具体的商品（包括实体商品或服务类商品）以及相应的分销服务。

通过对"零售"以及"零售活动"的内涵分析可以明确，零售活动是中间商介入商品迂回交换的一种商品交易方式，其出现的目的是使商品交易的完成更加有效率。而在完整的零售活动中，涉及零售商的成本和消费者的交易成本，零售商的一切创新和变革都旨在使零售商能够更有效率地降低消费者的交易成本。如图 3-2 所示，两条曲线的交点即零售活动的最优交易点——零售商以尽可能低的成本降低了消费者的交易成本，零售活动在这一点是最有效率的。对应到实践中，零售的一切创新都旨在尽可能地逼近这一点。

[一] 罗格·贝当古. 零售与分销经济学 [M]. 刘向东，沈建，译. 北京：中国人民大学出版社，2009.

第三章 新零售的韵律

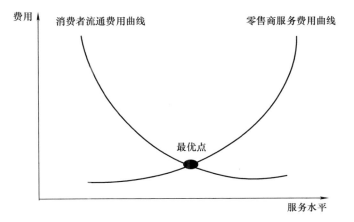

图 3-2 消费者流通费用与零售商提供分销服务成本之间的关系

第二节　新零售解析

在分析了零售活动的经济内涵和本质的基础上，我们进一步对新零售实践所带来的零售创新进行分析。从产业链或者商品流通的角度看，零售只是商品流通过程中的一个环节，但为了深入探讨新零售与传统零售之间的差别或变革，我们将零售活动当成一个系统来进行分析。商品交易涉及商品交易的主体、客体、载体及商业关系等内容，对应到零售交易中是：零售活动的参与主体，零售活动的产出，零售活动的基础设施，零售组织与上游供应商、下游消费者、行业内竞争者之间的关系。

以往传统零售行业中的历次零售革命乃至传统电商中的创新主要表现为由零售技术和需求变革共同驱动的零售业态创新，这种创新只是针对零售活动中某个或某几个方面的创新和变革，是对于构成零售活动经营形态的某个或某几个要素的边际调整。而伴随着"新零售"的实践以及当前越来越多的零售创新尝试，零售的"新"表现出了更加丰富的内涵和表现，零售创新实现了由点到面的变革——新零售表现在由技术变革和需求变革共同驱动的对零售业全要素、多维度、系统化的创新与变革，新零售正在尝试对交易活动中的商业关系、利益关系、组织方式、经营形态、零售产出以及经营理念等多方面进行变革。我们将这种变革归纳为新零售的"五新变革"——零售主体的新角色、零售产出的新内容、零售组织的新形态、零售活动的新关系以及零售经营的新理念。这五方面的变革根本上仍然是为了实现更有效率的"匹配"和更有效率的"交易的双向契合"(见图3-3)。

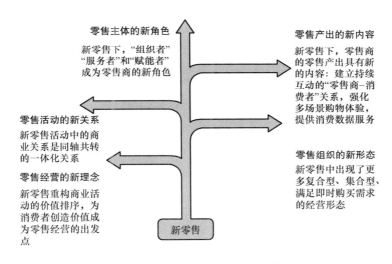

图 3-3　新零售的"五新"变革

事实上，新零售革新的内容在不同的阶段会呈现出不同的表现形式。例如，当前表现为数据驱动，未来可能是人工智能主导；当前表现为跨界，未来更多的是表现为无界；当前为了满足消费者体验需求，未来可能会满足消费者其他的心理需求。零售革新速度之快，让我们对新零售无法下具体的定义，只能给出一个泛化的概念，即新零售是以消费者为核心，以提升效率、降低成本为目的，以技术创新为驱动，要素全面革新进化的商品交易方式。

一、零售主体的新角色

新零售下,"组织者""服务者"和"赋能者"成为零售商的新角色。

传统零售活动中,零售商的角色就是专业化的商品交换媒介,从事的是面向消费者的商品转卖活动——零售商从上游供应商(品牌商或经销商)采购商品,向下游消费者销售商品,零售商赚取中间差价。尽管一些零售商完成触网,利用互联网采销商品,但这并没有改变其作为传统零售的本质特征。这种情况下,零售商是商品的经销者,是整条产业链中的终端商业中介。在我国零售业的发展过程中,零售商商业中介的经销职能有部分被弱化了,零售商不具备经营能力,而成为品牌商与消费者进行交易的平台或通道,典型的实例如联营模式下的购物中心和百货店。同时,超市企业也形成了依靠"进场费"的"前台+后台"盈利模式,在这种经营模式和盈利模式下,超市企业的商品经营能力也不断弱化。在通道费和联营模式下,零售商为供应商和消费者的直接接触提供平台,零售商向供应商收取相应的费用,"通道""二房东"是丧失了经营能力的实体零售商在整个商品交易活动中承担的角色。此外,伴随着电子商务在我国的发展,我国电商零售巨头基本形成了"自营+平台"以及"平台"两种模式。

总体上看,传统零售活动中零售商的角色有三种:以买进卖出、赚取商品进销差价为经营模式的纯粹中间商角色,具有部分经销能力同时兼具平台和通道功能的"中间商"+"平台"/"通道"角色,以及完全不具备经营能力的"平台商"/"通道"角色。其中,多数零售企业在商品交易活动中扮演着后两种角色。

  在新零售情境下，零售主体在商品交易活动中的角色产生了变化。无论是以天猫为代表的电子商务平台，还是那些具有经营能力的实体零售商，其角色也不再仅仅是买进、卖出的"中间商"，为买卖双方提供交易的实体或虚拟场所的"平台商"或者"通道"。在新零售的情景下，零售商成为了整条产业链中商品交易活动和商务关系的组织者、服务者和赋能者。对于下游消费者，新零售平台通过对消费者大数据的分析得以还原消费者的生活场景，通过数据分析走进并了解消费者的生活方式，预测消费者的潜在需求，从而为消费者提供满足其精准需求的商品和一系列商业服务的组合。对于下游消费者而言，零售商不仅仅是商品经营者的角色，更是服务者的角色。正如中国人民大学包政教授在《营销的本质》一书中指出的，此时，"商业企业不再是某个生产企业的'推销者'，不再是大量生产方式的'蓄水池'；而是市场消费者的'采购者'，是市场消费者的'代言人'。"⊖对于上游供应商，零售商利用自身在终端掌握的大数据资源，为供应商提供精准的消费者需求信息，从而走进供应商的价值链，为供应商的生产研发活动和市场推广活动提供服务和帮助，为上游供应商的产品研发和市场推广进行赋能，成为上游供应商的服务者。因此，在新零售情境下，组织商品交易的顺利完成只是零售主体的部分角色，零售主体的"组织者"更在于成为消费者大数据资源的开发者，并利用自身强大的大

  ⊖ 包政. 营销的本质 [M]. 北京：机械工业出版社，2015：148.

数据分析处理能力和计算能力,为产业活动的参与者提供一体化的服务。可以说,成为产业链活动的"组织者"和"服务者"是新零售赋予零售商的新角色(见图3-4)。

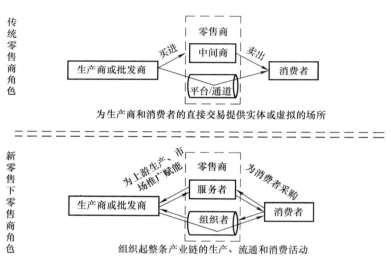

图3-4 新零售下零售主体的新角色

传统的商品流通需要经历"生产商——一级批发商——二级批发商——三级批发商——零售商"的纵向、多环节的商品流通体系,新零售提升了商品流通环节效率,实现了"品牌商——经销商——零售商——消费者"甚至"品牌商——零售商——消费者"的新型商品流通体系。阿里巴巴的"零售通"(见图3-5)和"农村淘宝"重塑了二线、三线、四线城市甚至六线城市小零售商和农村地区零售商的商品流通体系。以"零售通"

第三章 新零售的韵律

为例,基于阿里巴巴的云平台运营能力,"零售通"将品牌商、经销商和小零售商在平台上组织起来进行交易,帮助经销商和小零售商掌握互联网工具,省去了传统商品流通渠道中层层交易的中间环节,降低了品牌商布局垂直网络渠道的高额成本,同时为小型零售商提供了更好的品牌供应渠道。传统便利店、"夫妻店"通过阿里巴巴的"零售通"等平台改造升级后,经营品类更丰富、场所更整洁、商品更安全、成本更降低、人气更火爆。

图 3-5 阿里巴巴新零售——"零售通"平台

(一)案例分析:赋能传统百货:天猫与银泰的合作

银泰商业集团创立于1998年,旗下涵盖百货、购物中心等业态。2010年成立银泰网,成为国内第一家单独成立合资公司并试水电商的传统零售百货公司。2014年银泰与阿里巴巴开启战略合作,阿里巴巴对银泰商业进行战略投资,双方在会员体系、支付体系内进行打通,逐渐实现线上线下相互引流;同时上线移动O2O产品喵街,银泰开启

O2O之路。2015年阿里巴巴成为银泰第一大股东，银泰与阿里巴巴的融合进一步推进。2017年，阿里巴巴正式收购银泰商业，银泰成为阿里巴巴从线上走向线下、探索全渠道融合的新零售实践的重要环节。天猫与银泰的合作可以概括为"三通"驱动线上线下融合。

1. 积极推进会员通，打造会员大数据资源

打通银泰和阿里巴巴的天猫、淘宝及支付宝的会员体系，实现会员体系的互通。会员体系互通后，会员信息得以匹配，银泰可以洞察消费者在线上所有的消费状况以及线下的全部消费状况，数据的维度更加丰富，消费者的画像更加清晰，进而使得零售商对消费者有了更全面的了解。大数据资源建立与共享使银泰可以充分利用更详细、全面的会员数据不断地对自身的商品和服务进行调整和改良，更加精准地满足消费者需求。

2. 全面实现商品通，推动新业态落地

实现银泰与阿里巴巴在商品上的互通，银泰线下专柜的商品可以在天猫销售，天猫和淘宝的一些好的品牌，可以在实体店看到。目前，家居馆、零食馆、饰品馆等几类货品是线上线下完全打通的，可以做到同款同价。

以银泰内部的"生活选集"家居馆（见图3-6）为例。生活选集位于武林银泰总店，总面积约为1200平方米，店内分为消费者体验区、场景展示区及商品精选区，其中，后两者占据了生活选集的主要面积。生活选集内的主要品牌均来自天猫线上的高人气家居生活品牌。生活选集内的全部商品都实现了线上线下同款同价，且消费者可以选取任何方式进行支付和提货。

图 3-6 阿里巴巴 & 银泰新零售项目"生活选集"家居馆

ONMINE 零食体验馆（见图 3-7）也是阿里巴巴新零售在银泰的重要尝试。根据天猫的消费者精准数据，可以判断商品的复购率及市场欢迎程度，根据线上数据对线下商品不断进行调整；同时，ONMINE 的商品供应链与入驻天猫的品牌商、供应链实现共享，线上线下的价格可以实时同步更新。此外，主打保税进口商品直营的"Choic 西选"也是银泰自营体系下的重要新零售业态；在服装品类中，银泰百货内部也吸收了一些线上优质服装品牌的专卖店。

图 3-7　阿里 & 银泰新零售项目"ONMINE 零食体验馆"

除了线上商品的"落地",银泰百货还通过在天猫开设旗舰店的方式将线下商品"上行",以推动线上线下的商品通。

3. 加快落地服务通,全面提升消费者体验

服务通也是驱动银泰与天猫线上线下融合的关键。服务通主要体现在线下购物中搭建线上场景,消费者可以选择将商品加入购物车、快递到家、现场自提、扫码结算等多种方式进行购物、结算和收货。将实体零售与电子商务提供的零售分销服务进行融合,为消费者提供了线上线下高度融合的服务体验。此外,服务通还体现在卖场的数字化和智能化方面,以银泰内卡西欧智慧门店(见图 3-8)为例,在现有卡西欧门店设置智能展柜,消费者可以享受体感互动、科技感视觉体验、AR 体验、直接扫码购物以及多种支付手段等智能化购物体验。卖场的智能门店设计进一步提升并丰富了消费者全渠道融合的购物体验。

图 3-8　卡西欧智慧门店

(二)案例分析:赋能传统便利店:天猫小店出炉

在我国零售市场繁荣发展的同时,以"夫妻店"为代表的传统小卖店仍然在零售市场占有一席之地。新零售时代,在零售企业纷纷谋求转型创新出路的同时,"小卖店"也寻求发展的新出路。在当前实践中,互联网平台企业赋能传统零售业态是新零售实践的重要表现,而针对"小卖店"的赋能项目则成为新零售实践中十分引人注意的案例,典型代表如阿里巴巴改造传统"小卖店"的新零售项目——天猫小店(第一家天猫小店改造前后的实景见图3-9和图3-10)。新零售为传统零售带来了挑战,更创造了新的机会,依托平台企业的赋能实现自身的转型升级,"小卖店"也有春天。

图3-9　第一家天猫小店改造前

第三章 新零售的韵律

图 3-10 第一家天猫小店改造后

1. 通过"零售通"实现供应链赋能,降低采购成本

天猫对传统小卖店的赋能首先体现在对供应链的改造上。传统小卖店的主要进货渠道为各类批发市场及品牌经销商,由于经过层层批发商的加价导致最终采购价格较高,且很多时候难以保证商品质量(尤其通过批发市场渠道采购商品)。天猫小店则主要通过阿里巴巴的"零售通"进行采购,品牌经销商加入"零售通"平台,可以直接与终端零售小店交易,通过"零售通"进行下单、支付、配送等一系列活动。这省去了不必要的二批,甚至是三批的环节,使得零售小店能够以更低的采购价格获得商品。目前,天猫小店中的商品有 30% 从"零售通"下单进货;随着与零售通合作的供应商数量的不断增加,天猫小店的采购成本还将不断降低。

2. 运营赋能，全面改造升级传统小店

在店铺设计上，阿里巴巴对传统小店内部进行重新设计规划，实现对传统小卖店店内布局的现代化改造。改造后的店铺招牌统一变为红底的天猫招牌；店内陈列柜之间的距离变大，使得整体购物空间更加宽敞、明亮；店内陈列更加整齐有序，整体布局接近连锁便利店；此外，收银台更加宽敞、整洁，且配套现代化的电脑、POS机收银设备和管理系统。

在商品选择上，阿里巴巴会根据每个店铺辐射区域的消费者构成和消费者画像，结合自身的大数据进行计算、分析，为天猫小店推荐最适合该店铺销售的商品。同时，在天猫小店内设立天猫top零食货架，根据天猫线上销售情况，将线上销售火爆的网络品牌引入天猫小店，并与线上品牌实现同款同价。此外，在天猫小店内引入鲜食产品，关东煮、烤肠、茶叶蛋、蒸包等商品不仅增加了店内的毛利率，而且吸引了更多客流。

二、零售产出的新内容

在新零售下，零售商的零售产出具有新的内容（见图3-11）：建立持续互动的"零售商-消费者"关系，强化多场景购物体验，提供消费数据服务。

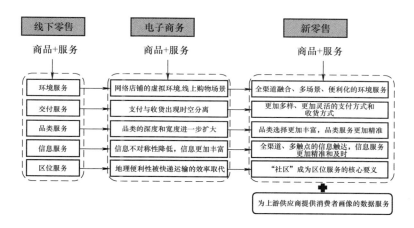

图 3-11 零售产出的新内容变化

零售组织的经济职能在于为消费者提供显性的商品和隐性的服务，"商品＋服务"的组合共同构成了零售产出。在传统零售活动中，交易围绕着"商品"展开，零售商的经营活动以"商品"为核心，并通过低买高卖攫取中间利润。零售商的分销服务（环境服务、品类服务、交付服务、信息服务和区位服务）是促进商品销售的辅助内容。电子商务的产生并未改变零售活动的产出内容，只是电子商务打破了商品交易的时间限制和空间限制，零售商提供的分销服务的具体形态发生了变化——环境服务由实体零售店内的氛围、环境转变为网络店铺的虚拟环境。相较于实体零售商，电子商务提供给消费者的品类服务从品类的宽度和深度上都更加丰富和多样；交付服务出现了时间和空间上的分离，消费者的支付行为和实际收到商品具有一定的时间间隔；

电子商务给消费者提供了更多关于商品的信息,这些信息服务使得消费者的购物活动不再仅仅限于进店—选购商品—购买商品—使用商品的线性路径。消费者的购物活动包括更加丰富的内容:搜寻商品、进行比价、查看商品评论、购买商品、收到商品、售后评价、社群互动等,消费者的购买活动变成了非线性的多维路径。电子商务的出现使实体零售中最重要的区位服务变得不那么重要了,实体零售店为消费者提供的位置便利性被快递服务的效率取代了。可见,在电子商务出现后,零售活动的产出内容本质上未发生变化,只是商品+服务组合的具体形态出现了新的内容和改变。

在新零售情境下,零售产出的内容更加丰富、更加新颖。首先,零售商的服务成为零售产出的核心内容。零售商的经营活动不再仅仅是为了卖出商品,而是要满足消费者的需求。在"商品+分销服务"的零售产出组合中,零售商将更多的投入放在了分销服务水平的提升和改进上。这背后的逻辑是,新零售更加关注消费者的体验,零售活动不再是简单的"商品-货币"关系,而是持续互动的"零售商-消费者"关系。"天猫6·18"期间开设了"新零售体验馆",打通品牌线上线下的会员体系,与SK-II等美妆品牌商合作。品牌专业美容顾问为线上消费者提供可视化咨询服务,通过虚拟现实技术给线上消费者动态彩妆试用体验,让会员享受线上线下一致的服务。跨越空间,持续与美容顾问互动,增强消费者黏性。

其次,为上游供应商提供消费者画像的数据服务成为零售产出的新内容。传统零售产出只针对下游消费者，而新零售的零售产出则是针对完整商品交易活动的全部参与者。基于对终端大数据的分析，新零售平台可以掌握消费者的各种场景数据，实现消费者生活场景的还原以及消费者画像的形成。新零售平台将上述数据与上游供应商进行共享，为供应商提供消费者的需求画像，帮助供应商进行按需定制和更为精准的市场营销活动。

案例分析：天猫为生产商提供数据服务推动了生产的民主进程

新零售推动了生产的民主（Democracy of Production）进程、设计个性化、生产定制化。

首先，新零售平台为供应商提供了消费者数据画像及需求信息分析结果。供应商更加清晰了解了目标市场的需求特征和偏好特征，从而缩短了新商品的研发周期，增加了生产计划的合理性及产品适销性。天猫与某化妆品品牌进行深度合作，通过分析大数据形成消费者画像，该品牌利用该消费者画像的数据反哺其研发环节，缩短了产品研发的周期。根据天猫提供的数据，通过天猫大数据和新零售开发的某新品，其新产品研发全过程从原本的 18 个月缩短到 9 个月（其中 8 个月是制造环节），原本 10 个月的市场调研、潜客挖掘、市场评估的活动，由于天猫大数据赋能，流程缩短为 1 个月的时间。

其次，新零售通过消费数据挖掘，实现消费洞察，对传统制造业进行反向定制，使"按需生产"生产方式成为可能。新零售克服了传统商业模式下的供需脱节、供需分离的弊端，供给和需求被打通，企业建立起自己的目标消费群体。根据目标消费群体的精准需求信息组织生产活动，生产企业真正的实现了市场洞察。以天猫和某家电品牌的合作为例，天猫根据对消费者大数据的分析和计算形成了对洗衣机市场需求的预测，指导该企业跳过9升洗衣机而直接生产10升洗衣机产品，直接引领了市场趋势，获得了巨大的产品成功。以此帮助制造商实现精准"按需生产"，解决了电器产品中最严重的库存积压问题，使得生产企业实现了产销对路。

最后，线上线下的全渠道融合为零售产出的"分销服务"增加了新的内容。譬如在环境服务、交付服务、品类服务等方面，新零售通过商品数字化、会员数字化、卖场数字化等方式构建起以大数据分析支撑的线上线下融合的购物新场景，这就在电子商务单纯构建线上购物场景的基础之上，增添了更加丰富、更加多样的购物场景。在环境服务方面，全渠道的融合使消费者拥有了即时、即刻、即地的购物条件，数字化购物场景与实体购物环境的融合为消费者提供了多场景、便利化的环境服务，进一步强化了消费者全渠道、多场景的购物体验。在交付服务方面，新零售彻底打通了实体店铺与电子商务之间的资源，让消费者可以选择更加多样、更加灵活的支付方式和收货方式。在品类服务上，一方面，全渠道融合丰富了可供消费者选择的商品品类；另一方面，基于大数据对消费者的行为预测，零售商可以为消费者推送更加精准的商品选择，做到了更加精准的品类服务。在信息服务上，零售商实现了对消费者全渠道、多触点的触达，信息服务更加精准和及时。在区位服务上，全渠道的融合打破了消费者选择零售店铺的空间限制。正如李飞教授在《不可消失的门店》一书的序中所言："线上零售时代，消费者的位置就是一切。"而"现实世界的环境和位置塑造了你在网络世界中的行为"……"距离的远近和社会传递是最亲密无间的"⊖，这就意味着社区是决定消费者位置的最重要因素。因此，在新零售情境下，区位服务的关键不在于店铺的地理便利性，而"社区"成为区位服务的核心要义（见图3-11）。

三、零售组织的新形态

新零售中出现了更多复合型、集合型、满足即时购买需求的经营形态。

零售业态的本质是零售组织的经营形态。对于构成零售经营形态的商品、服务、环境等内容不断地进行边际调整，就形成了零售业态的持续演进和变革。传统零售业态的发展经历了简单综合化、专业化及细分化，以及深度专业化及专业化集成三个阶段。这三个阶段的典型业态代表分别是百货店、专卖店和专业店，以及大型超市、品类杀手和购物中心。◎ 传统的零售业态演进是基于消费者需求特点的改变，对商品和零售店铺进行重新组织形成新的经营形态。这些零售业态仍

⊖ 大卫·贝尔.不可消失的门店[M].苏健，译.杭州：浙江人民出版社，2017.
◎ 刘向东.商业经济学概论[M].北京：中国人民大学出版社，2009.

然是以商品的组织为核心的。

　　阿里巴巴的 CEO 张勇认为，新零售是大数据驱动的零售人、场、物的重构。也就是说，新零售本质上是数字化和数据化驱动的零售要素的重新组织和配置。构成零售业态的各要素均实现了数字化的变革，包括商品数字化、卖场数字化、会员数字化、管理数字化等。这些要素的数字化变革本身就形成了区别于传统业态的新特点，是传统零售业态的内部创新和变革的表现。

　　新零售以更加精准、全面的消费者需求信息为基础，以社区为切入点，通过零售经营要素的调整搭建起新的消费者购物场景，并根据消费者的购物场景匹配合适的商品结构和服务内容，由此形成了具有多样性、多内容、多触达点和多维度的具有复合型商业特点的新型零售经营形态，比如阿里巴巴新零售"餐饮＋超市"的盒马鲜生业态。盒马鲜生的组织经营形态不是以商品的组织为核心，而是以消费者的具体需求为逻辑起点搭建消费者的生活场景和消费场景。零售经营各要素的调整都是围绕需求主题展开的，这使得零售商经营形态的创新具备了更多可能性和可塑性。跨界融合甚至无界经营成为零售活动的重要选择。与深度专业化和专业集成化的业态不同的是，新零售形成的复合型、集合型的零售业态满足的不是消费者一站式购物需求，而是特定消费者在特定场景下的生活需求和消费需求。基于跨界和无界形成的零售业态不同于传统零售中的以商品组织为核心的、单一功能的零售业态，而是复合型、集合型、满足即时购买需求的多功能、精准化服务的零售经营新形态。零售组织业态演进见图3-12。

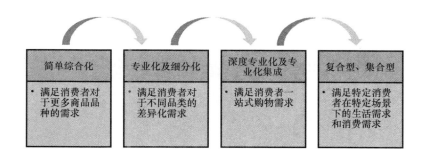

图3-12 零售组织业态演进

案例分析：盒马鲜生——人称"四不像"的混合业态创造了极致体验

盒马鲜生是阿里巴巴新零售项目的典型代表。第一家盒马鲜生诞生于2016年1月15日，在上海金桥广场开业。目前，盒马鲜生已经在北京、上海、深圳、贵阳、成都、西安、武汉等城市开出门店，且广受市场欢迎。盒马鲜生是一个全渠道融合的新零售项目，它的业务模型是"生鲜超市＋餐饮＋App＋配送"的四位一体模式，线下形成生鲜超市＋餐饮的复合型零售业态，线上购买承诺"三公里范围，半小时送达"。盒马鲜生以大数据为依托，对传统零售的人、场、物进行了重构，全面提升了零售商的运营效率和消费者的消费体验，成为当前最成功的新零售商业模式。

1. 目标客户为"互联网一代"

盒马鲜生将自身目标市场定位在 25~35 岁的互联网用户人群，女性有家庭的人群占 65% 左右。不同于传统商超消费者，盒马鲜生的目标用户人群的典型特点是属于"互联网一代"，习惯"网购"的购物方式，更加追求服务及商品品质，具有一定购买能力，对于价格不敏感。盒马鲜生会员店受消费者欢迎，如图 3-13 所示。

图 3-13　盒马鲜生会员店受消费者欢迎

2. 全流程技术驱动提升运营效率

盒马鲜生区别于传统零售商的首要做法在于，技术驱动贯穿于零售活动的全流程、各环节，以技术运用和算法优化极大地提升线上线下的运营效率。

首先是智能设备在门店和物流体系中的使用。盒马鲜生的门店和物流体系都使用了智能设备，如电子价签、自助收银、悬挂链、智能分拨、ETC 等。电子价签的使用方便后台即时掌握库存情况，从而实现自动补货，同时也可以用电子化的方式一键动态调价；智能设备通过识别芯片和条码，可以使商品在线上线下高效流转；从商品的到店、上架、拣货、打包、配送等全流程，作业人员都是通过智能设备去识别和作业的，简易高效，极大地提升了人效、坪效及物流效率。此外，盒马鲜生在包装技术上采取"贴体技术"。"贴体技术"改变了长时间保存食品需要冷冻的情况，可以帮助菜品在 0~4 摄氏度的冰鲜状态下拥有 10~14 天的食物保质期。在配送包装方面，每个配送员都配备统一的配送箱子和保温保湿袋，支持热链、冷链和货物配送，温度覆盖了零下 18 摄氏度到 60 摄氏度，保证了商品的新鲜。

其次，算法驱动供应链和物流运作效率的提高。算法优化在盒马鲜生的物流运作方面发挥了巨大的作用。以盒马鲜生的 30 分钟配送到家服务为例：盒马鲜生采取分布式拣货，后台通过算法将订单打散，不同的拣货员可以就近拣货；拣货员通过 RF 枪（即扫码枪）对商品的电子价签和专属条码进行识别，以保证商品匹配。超市卖场上方配有自动传输带，在拣货完成后，商品通过超市顶部的自动传输带，快速流转到后仓进行打包。后仓是决定盒马鲜生整个高效物流运作的关键环节。后仓根据订单商品组成、相近的预约时间、相近的消费者位置、相似的配送员的路径等进行计算，指导商品自动合单，帮助后仓快速打包。打包完成后，订单通过垂直升降系统被送到物流中心出货，配送员进行配送。以上选货、流转、打包等环节均控制在 3 分钟以内完成，保证了配送员的配送时间，从而实现了 3 公里范围内 30 分钟送达的高效配送服务。盒马鲜生的物流设备，如图 3-14 所示。

图 3-14　盒马鲜生的物流设备

3. 复合型业态全面提升消费者购物体验

区别于传统的商超业态，盒马鲜生的经营模式为"生鲜超市＋餐饮＋App＋配送"。从业态上看，这是具有多功能、多体验、全渠道融合的复合型零售业态。

首先，盒马鲜生全面改善了消费者线上购物体验。盒马鲜生的线上服务承诺"3 公里范围内，半小时送达"的高速配送服务，为消费者提供了生鲜商品极速到家的配送服务体验；通过特殊包装的配送餐盒保证了食品的新鲜，改善了消费者线上购买生鲜商品的品质体验。

其次，盒马鲜生创新了消费者线下购物体验。在线下卖场布局上，盒马鲜生的货架间距更大，卖场的空间布局更加宽阔、明亮，将餐饮区融入卖场，满足消费者一体化的消费体验。值得说明的是，盒马鲜生在卖场内采取"生熟联动"与"熟生联动"的策略。"生熟联动"即"边逛边吃"。盒马鲜生卖场内设置了烹饪区和就餐区，消费者可以选择现场购买海鲜类产品并进行现场加工、现场就餐。"熟生联动"是指消费者在盒马鲜生卖场的餐饮店铺品尝到的各类产品的原料、佐料等均可以在盒马鲜生店内买到，消费者在就餐后可以购买原料在家尝试烹饪。在盒马鲜生店内就餐体验，如图 3-15 所示。

图 3-15　在盒马鲜生店内就餐体验

此外，优质的采购能力可以保证商品品质。除了注重消费者的服务体验，盒马鲜生更加注重商品本身的品质，为消费者提供优质、低价的商品品质体验。盒马鲜生的商品坚持原产地直采+本地化直采两种方式相结合。其中，进口生鲜的部分产品实现与天猫统一采购，盒马鲜生对来自北美、大洋洲、亚洲等国外商品进行原产地直采，保证了产品的新鲜低价。目前，盒马鲜生的海鲜类商品销售占比达到传统超市的 10 倍以上,俄罗斯帝王蟹、波士顿龙虾、冰鲜挪威三文鱼等产品成为店内销售的爆款,广受市场欢迎。对于平价菜,盒马鲜生在各蔬菜基地直接进行采摘、连夜包装、第二天上架,"日日鲜"蔬菜包装上均显示蔬菜日期,销售不完的菜品当晚就销毁。同时,盒马鲜生还根据不同地区的消费者特点调整商品结构,在不同城市推出特色商品供应。盒马鲜生的海鲜,如图 3-16 所示。

图 3-16　盒马鲜生的海鲜

4. 以线下体验引流线上交易的全渠道融合推动坪效提升

盒马鲜生重新定义了零售的"场",卖场一方面为了提升消费者体验存在,另一方面作为与消费者的触点存在,成为为消费者线上购物引流的重要渠道。全渠道融合是盒马鲜生模式的关键,亦是盒马鲜生极大提升经营绩效的核心。通过盒马鲜生 App,形成消费者与盒马鲜生的闭环联系——入店前，消费者需要下载盒马鲜生 App 成为盒马鲜生的会员；在门店结算时，可以采取自助结算方式，通过盒马鲜生 App 进行结算；线上购物时，消费者可以通过盒马鲜生 App 进行网上下单和结算。盒马鲜生通过线下的优质体验吸引流量，通过强化消费者对盒马鲜生 App 的黏性尝试将线下消费者转化为线上流量。目前，在部分门店中，盒马鲜生的流量 70% 在线上、30% 在线下，这使得盒马鲜生获得了远超过传统实体卖场的经营坪效。根据调研数据，目前盒马鲜生的销售坪效基本是线下零售企业的 3~5 倍。盒马鲜生自助结账，如图 3-17 所示。

图 3-17　盒马鲜生自助结账

四、零售活动的新关系

新零售活动中的商业关系是同轴共转的一体化关系。

在传统零售活动中,零售活动涉及的各商业主体之间的关系都简化为"商品-货币"的交易关系,这种交易关系的背后是产业链上各产业主体之间利益关系的对立。在传统零售下,零供关系是冲突的、相互博弈的;零售商与消费者的关系是独立的、单一的商品交易关系;整条供应链是由生产端至销售端层层推压的推式供应链。

在新零售下,零售商为供应商进行赋能,零供关系成为了彼此信任、互利共赢的合作关系;零售商将商业的触角进一步延伸至消费者的需求链,与消费者实现了深度的互动和交流。如前文所言,此时,零售商的角色发生了改变,零售商成为消费者新生活方式的服务者和市场需求的采购者,成为消费者追求美好生活的"代言人"。零售商与消费者之间形成了深度互动的关系;供应链转变为以消费者需求为初始点的拉式供应链模式。

由此,在新零售中,商业关系被重新构建,"商品-货币"关系转变为其背后的人与人之间的关系,整条产业链各个主体之间的利益关系得以协调一致,商业的因果逻辑被重新构建,供给与需求被打通。此时,各主体之间的行为和行动不再是独立的、对抗的,商业活动形成了以消费者需求为起点,经历流通节点至生产端为终点,再逆向返回至消费者需求端的循环闭环,各主体之间形成了以信任为基础、同轴共转、紧密联系的供需一体化关系⊖。在这样的关系下，商业主体之间的心理距离被拉近，商业关系重新回到了商业产生之初交易对象紧密联系、互助互利的关系（见图3-18）。

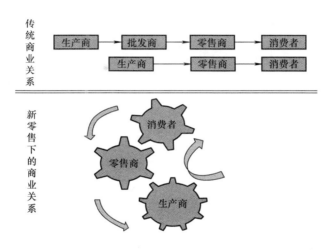

图3-18 传统商业关系与新零售下的商业关系

案例分析：天猫和五芳斋、奥利奥的合作体现生产商、零售商和消费者一体化的关系

新零售推动了社会生产方式由大规模生产的福特制生产方式向柔性、灵活生产的后福特制生产方式变革，推动社会生产方式向精益化、柔性化和规模化定制的方向转变。由于消费者需求日益个性化和异质化，大规模标准化的生产方式无法满足要求，生产方式逐渐朝着柔性

⊖ 在包政老师《营销的本质》一书中，供求一体化关系又称社区经济或社区商务。

化、定制化和灵活化的方向发展，加速进入了后福特制生产方式。以天猫和五芳斋、奥利奥的合作为例：天猫在端午节推出了定制化的五芳斋粽子，消费者在天猫平台下单，根据个人喜好自由定制粽子的口味和风格，个性化程度完全取决于消费者偏好。根据消费者需求定制的粽子组合多种多样，这完全重构了传统食品的生产制造流程，实现了标准产品的非标化定制。天猫平台与奥利奥品牌合作，利用前者的消费者洞察，奥利奥将天猫平台上的交易流程进行改造，推出个性化定制活动，让消费者可以自己涂色、填色，参与到产品的订制环节，满足不同消费者的个性化需求。在活动的 3 天内，累计销售 4 万份定制款奥利奥，销售额接近 600 万元。天猫五芳斋旗舰店，如图 3-19 所示。

图 3-19　天猫五芳斋旗舰店

天猫亿滋官方旗舰店，如图 3-20 所示。

第三章 新零售的韵律

图 3-20 天猫亿滋官方旗舰店

五、零售经营的新理念

新零售重构商业活动的价值排序，为消费者创造价值成为零售经营的出发点。

零售经营的理念与市场供求关系相关。在供不应求时代，生产商主导商品流通渠道，零售经营的关键在于取得上游的供货资源。大规模生产方式的发展催生了大规模的商业销售，供求关系出现逆转，商品流通进入"渠道为王"的时代。零售经营的关键在于快速扩张实现规模化竞争，经营的理念在于强化零售的资本投入，实现规模经济，追求零售商对市场的覆盖率。在前两个时代，"经济原则"和"效率原则"成为零售经营理念的核心内容。伴随市场供求关系的进一步发展，供求关系进一步重构，消费者逐渐掌握市场主权，满足消费者异质性

115

的需求成为生产活动和商业活动的出发点。新零售就是适应消费者主权时代的新理念、新模式。新零售的出发点是消费者的需求，新零售技术的应用、零售要素的调整和变革都是为了更好地了解消费者的生活方式，从而更精准地满足消费者的需求，为消费者不断创造价值。在新零售下，商业活动参与者的价值排序实现了重构，满足消费者需求成为了全部商业活动的价值起点，为消费者创造价值的"人本原则"成为新零售经营理念的基础。

# 第四章

老牌零售的自我革命

正如前文所言，传统零售曾在电子商务的冲击下面临着前所未有的挑战，在压力袭来之际，传统零售企业并未固步自封，而是以开放的姿态积极变革、迎接挑战。在技术变革与消费变革的背景下，国内实体零售企业以更快的速度投入新一轮的行业变革中，在实体零售与电子商务握手言和、携手前进之际，我国零售企业在积极的探索中谱写了零售创新的中式乐章。总体上，老牌零售企业的创新之路是一条以消费者为核心、以数字化为基础、聚焦服务体验、强调差异化经营的转型创新之路。

第一节　全渠道转型，世界变成没有围墙的陈列室

随着消费者全渠道购物的模式逐渐形成，针对消费者的全渠道经营逐渐成为零售商转型创新的重要战略选择。

根据 BCG 对国内消费者的调查显示，对于服饰、化妆品和母婴儿童用品等品类，仍有消费者是完全线上购买。但是，对于大多数品类，如酒类、家居、生鲜、食品饮料等，消费者对线下仍然更为倚重，或是倾向于多渠道消费。如图 4-1 所示，对于越来越多的品类，线上线下渠道是互为补充的，消费者多渠道购买逐渐成为常态。

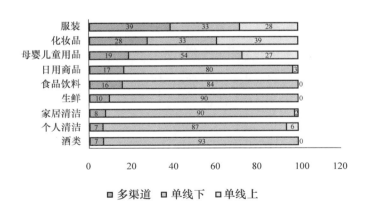

图 4-1　消费者对不同品类的渠道选择

（数据来源：BCG 消费者全渠道购物研究院；BCG 中国消费者洞察智库。）

事实上，随着数字化对于社会生产和居民生活的影响不断深入，尤其是智能手机对于消费者生活的全方位影响，消费者的消费活动变得更加碎片化、即时化，消费者可以在任何时间、任何地点完成购物活动。与此同时，智能手机的广泛应用也为商业社会提供了更加多样的渠道，除了传统的线上渠道、线下渠道、邮购目录等方式，智能手机 App、社交媒体、大众传媒等都为零售活动提供了新的渠道。这些新的渠道和媒介形成了与消费者更多维的接触点，在消费者购物的各个环节对消费者进行信息的传递和渗透，消费者的购物活动可以在各个场景的随意切换和搜索。例如，消费者在实体卖场购物时会打开手机 App 查看他关注的社交网站是否有很好的推荐品牌；在确定品牌后消费者会点开平台 App 搜索商品的价格，进行比价；在比价后消费者可能会在实体卖场进行现场体验；最后消费者决定是否购买该商品。在上述情景下，相互独立、分离的多渠道或者 O2O 的模式逐渐转变为相互融合、无缝对接的全渠道零售。可以说，全渠道零售打破了 O2O 情境下的渠道分离和渠道对立，通过整合和协调各渠道最终形成一体化的、高度融合的分销服务体验。

Brynjolfsson，Hu 和 Rahman 在《Competiting in the Age of Omni-Channel Retailing》一文中指出全渠道零售对于传统零售活动的变革——"在过去，实体零售店的独特之处在于允许消费者触摸和感受商品并提供即时满足感；与此同时，互联网零售商试图通过广泛的产品选择、低廉的价格及产品评论和评级等内容来吸引消费者。随着零售行业向无缝的'全渠道零售'的体验发展,实体零售和在线之间的区别将消失,使世界变成没有围墙的陈列室。"

全渠道融合成为当前零售业发展的主流趋势,也是众多老牌实体零售企业在激烈的市场竞争中重拾往日辉煌的重要战略选择。对于实体零售企业来说,全渠道转型的本质是企业的数字化转型,是使构成原有零售空间的全部要素以及后台支撑环节全部实现数字化,打通各环节、各流程,构建并整合零售商与消费者全部接触点(touch point),最终为消费者提供高度融合、无缝对接的服务体验。

案例分析:王府井百货全渠道转型

王府井集团的前身是"新中国第一店"北京百货大楼,1990年成立集团企业,1993年改组股份制,在上海证券交易所挂牌上市。自1996年实施全国百货连锁发展战略以来,王府井百货一直专注于百货零售业的发展,在数次国内零售行业改革创新的浪潮中走在前列。目前,王府井的零售网络覆盖华南、西南、华中、西北、华北、东北、华东七大经济区域,公司业务包含传统百货、购物中心、奥特莱斯及超市四大主力业态,同时拥有线上自建零售渠道和加速扩张的便利店品牌。

1. 欲在逆境中寻求新的突破

早在2007年王府井百货就涉足网上商城,以北京双安商场、广州王府井、长沙王府井作为试点,但当时线上业务仅作为实体零售渠道的补充和延伸。自 2014 年以来,受宏观市场的换档降速、消费需求日趋多元化和差异化、跨界竞争加剧、经营成本攀升以及电子商务快速发展、新兴业态不断冲击等因素的影响,传统实体经济受到了很大的冲击。由于传统百货与电子商务的客户思维、购物中心的消费体验、奥特莱斯的平价精品、便利店的方便快捷的概念相比较,在诸多方面有所滞后与欠缺,因此,新形势对传统零售业,尤其对实体百货店造成了比较大的冲击,很多企业甚至陷入了经营困局。在这一大背景下,王府井百货于 2014 年提出"第三次创业",逆境中寻求新的突破,而 O2O 战略转型及全渠道建设就是"第三次创业"中的关键内容。

2. 打出技术、组织结构、品牌和业态四张牌

(1) 以 IT 体系建设为核心进行全渠道建设

王府井百货全渠道建设的关键在于新的 IT 系统的建设,"前台+中台+后台"的新型零售 IT 系统成为支撑起王府井百货实现全渠道转型的核心。在传统零售 IT 系统基础之上,王府井百货在后台系统建设大数据平台,用于汇集多个渠道的消费者数据、推广合作方数据和供应商数据;大数据平台对汇集的数据进行处理、挖掘和计算,实现对用户的精准画像和用户行为的预测;"中台"系统利用对用户的精准画像数据指挥前台的营销活动和经营活动以及后台的采购、招标等活动;由此,通过新型 IT 系统的建设,线上线下供应商资源、库存信息、支

付平台、会员数据等全部数据实现统一，全部渠道的资源和数据实现真正的打通。

2013年，王府井集团启动全渠道建设，规划全渠道发展战略，王府井网上商城上线。2014年，基本完成核心中台系统建设——进行商务电子化，打通线上线下信息流；进行ERP升级；O2O战略的外围系统（店内Wi—Fi铺设、用户定位系统等）建成并相继投入使用。2014年2月，王府井百货与腾讯签署战略合作框架协议，在旗舰店试水微信购物，开通移动支付接口。同时，王府井百货自身的移动端App应用也投入使用。2016年，集团明确了全渠道建设的核心任务是打造移动端流量平台，紧紧围绕消费者触达，以线下引流、交易为目标，从人、货、场三个维度，以场景闭环完整为重点，开展项目落实，打通用户触达、营销互动、商品交付、交易支付、数据流通等五大通路；构建贯通线上线下渠道，贯通百货、购物中心、奥特莱斯、超市四个业态的一体化消费者生态圈，聚合全集团的用户资源。2017年，王府井集团全渠道建设的全面数字化进程进一步推进，会员电子化进一步加快发展，对跨渠道、跨业态的内外部用户资源进行整合；在线运营进一步发展，微信商城在门店全面上线；beacon平台得以广泛应用，37家门店接入统一平台，大数据营销系统在14家门店运行，精准营销对增强消费者黏性、促进企业经营业绩方面的作用得到进一步发挥；开展王府井数据仓搭建工作，以会员数据为核心，以到店用户、商圈人群为补充，用户数据化进程得到有效推进。

(2)建立与全渠道战略相匹配的组织结构

2016年年底,王府井集团正式成立全渠道中心,将集团内部原市场部、电商公司和全渠道项目合并重组,成为直接归属集团总部的业务中心,对集团各业态的全渠道建设进行统筹。由此,全部涉及跨渠道经营的资源和数据均由集团的全渠道中心进行统筹安排和集中管理。从2017年开始,王府井集团进行集团总部管控模式转型,启动总部组织结构调整,进一步深化集团总部战略管控职能。调整后的集团总部由全渠道中心、商品资源中心、总裁办公室、董事会办公室、零售本部、投资发展部、法律事务部、审计稽查部、财务部、网络数据部、人力资源部、物业工程部、安全保障部组成,总部从过去的运营管控向以战略管控为主转变,运营职能下放到二级单位,总部在商品、消费者、人力、资金和项目等资源上为四大业态提供支持。

(3)发展自有品牌,尝试自营模式

不同于国外百货商店普遍采取自营的模式,国内百货商店基本以联营为主。随着消费者对差异化商品需求的不断增加,尝试经营模式变革,发展自有品牌成为国内百货业态转型升级的方向,也成为全渠道战略下零售业态实现差异化经营和错位竞争的重要举措。

2014年,王府井集团首个自有品牌FIRST WERT男装集合店在百货大楼和双安商场上柜,成为公司进行自有品牌尝试的重要一步。2017年,王府井以文化创意产业为切入点进行自营模式的尝试,公司

拥有自主知识产权的文化创意品牌"王府井梦工厂"对外发布，首家旗舰店在北京市百货大楼对外营业。这是王府井首次将企业品牌从企业名称延伸至产品开发领域，是公司以集合店方式探索自有品牌、进行自主经营模式的又一重要尝试。

（4）进行业态调改，增加体验型业态

在加强全渠道建设的同时，王府井百货意识到线下仍是自身经营的优势和重心所在。自2017年开始，王府井百货加强对百货业态内部的业态调改，增加亲子、娱乐、餐饮等体验化业态和服务化业态在商场的占比，重新规划门店内部的空间布局，以此改善消费者在门店的购物体验。

全渠道转型是见成效的，2017年，王府井百货实现营业收入260.85亿元，同比增长11.09%；利润总额完成13.43亿元，同比增长13.12%。

第二节　回归人本，企业长青的根本

"经济原则"与"人本原则"是零售企业经营的两个根本原则，其中经济原则强调零售行业的效率，而人本原则强调零售行业要从根本上满足消费者需求。在我国传统零售经营过程中，尽管企业也强调满足消费者需求，但事实上零售企业往往更加关注"买卖"的交易结果，库存成为零售经营者最关注的指标，零售商的经营活动基本围绕着商品的销售展开。在行业运营成本不断增加、消费市场的快速变革以及电子商务的不断冲击下，传统零售企业在谋求转型、变革的过程中重新意识到"人"的重要性，真正满足消费者对于商品和服务的需求，构建持续的经营者-消费者关系才是企业基业长青的根本。

在重新重视零售活动"人本原则"的背景下，零售企业经营活动的关注点由商品转回到消费者，满足消费者需求、构建持续的经营者-消费者关系成为零售活动的出发点和落脚点。价格和服务体验是消费者进行零售活动最关注的内容，也是零售活动回归人本的核心内容。传统零售企业在零售活动的前端和后端发力——前端打造极致服务体验，后端构建高效供应链。

实体零售商不仅仅是商品的卖出者，其提供给消费者的是"商品+服务"的零售组合。实体零售商在回归提供"人性化服务"的商业本质的过程中，首先在于努力为消费者提供差异化的、独特的服务。根据国内数据显示，当前实体零售业态的休闲和娱乐功能增强、单纯零售面积比例减少，48%的新开发购物中心中都包括了电影院、游乐场、溜冰场、健身娱乐部、书店等休闲娱乐设施。针对深圳购物中心消费者满意度的调研显示，餐饮消费与娱乐消费成为当前消费者光顾购物中心的首要目的（比例分别达到78%和45%）；而调研数据也显示，提高餐饮、娱乐业态比例正成为购物中心实现体验式营销和延长消费者在购物中心滞留时间的手段，餐饮、娱乐往往成为购物中心招商较快的部分。可见，实体零售正由"销售型"向"服务型"转变。在重新追求人本原则的过程中，众多零售企业通过体验式营销实现"经营顾客"。例如，国内多数购物中心和百货业态通过创新建筑风格、增强文化体验、创新商品及门店布局，来强化实体卖场的购物氛围，丰富消费者的购物体验，如上海大悦城。此外，如前文所述，传统零售企业尝试全渠道融合，通过引入线上资源打造消费者多维购物场景，实现线上、线下购物场景的融合和扩展，进而丰富消费者的购物体验和多元化需求，将"体验"打造成实体零售业吸引顾客的"吸金石"。

从零售活动的后端来看，供应链的整合和改造是实体零售商为消费者提供物美价廉商品的关键。传统零售企业主要通过改造现有供应链、整合供应链资源，降低企业的采购成本和运营成本，从而促进企业高效、低成本地满足消费者的线上、线下需求，并促进企业毛利率的提升。例如，武汉中百集团整合其仓储公司与便民公司的采购资源，实现联合采购；加强与永辉公司供应链的深度对接，通过集中采购，增加商品毛利率；推动供应链的扁平化，通过实施买手制与自营提高毛利空间。国美公司通过全面 IT 系统支撑线下和线上的供应链系统，实现供应链上各流程对接与供应链各合作伙伴的数据共享，整合供应链资源，打造协同供应链。此外，在供应链改造方面，国美公司着重进行采购方式转型，采购模式从返利变为一步到位、包销定制、反向定制等模式，由此既缓和了与供应商的关系，又成为供应链的主导者——国美公司根据市场需求状况做出市场判断、再向上游厂商下单，由此形成效率更高的拉式供应链，提高了整体供应链的运作效率、降低了企业的经营成本，提升了企业的毛利空间。由此可见，供应链作为支撑整个零售企业运作的后台基础，直接影响了企业的经营成本及前台绩效，是企业经营成败的关键所在。基于互联网和 IT 技术，对现有供应链进行改造、整合供应链资源，是实体零售企业转型和创新的必由之举。

案例分析：天虹让零售更人本

天虹 1984 年成立于改革发展的前沿城市——深圳，深圳零售业的发展与改革开放的历程相伴随。30 年来天虹拥抱新技术、新思潮，积极迎接零售业一轮又一轮的变革，凭借敢闯敢干和勇于创新的精神，始终走在全国前列。

1. 消费升级，零售业升级势在必行

自 2012 年开始，在电商和大型购物中心的强势夹击下，传统百货行业渐渐步入了寒冬，百货商场的销售额大幅下滑，并很快迎来了一波大规模的关店潮。这次行业洗牌背后的根本原因是新一轮消费升级，而移动互联网的发展更加速了这一进程。经过研究与分析，天虹发现这一轮消费升级有四个明显特点：消费者从单纯购物转向综合消费，从追求商品本身转向追求体验，从追求功能需求的满足转向追求情感需求的满足，从大众消费转向个性和品质消费。这些特点也成为天虹战略转型的重要依据，2012年天虹拉开了转型的序幕。5年来，天虹从"百货＋超市＋X"的单一业态、单渠道模式，发展成为"百货＋购物中心＋超市＋便利店"以及通过"虹领巾"实现线上线下融合的全渠道、多业态战略发展格局。

2. 数字、体验、供应链，让零售更有效率，更加人本

在迈向更有效率、更加人本的零售路上，天虹创新转型紧紧围绕数字化、体验升级、供应链三个方面进行。

（1）推进线上线下融合的数字化转型

天虹2010年布局电商业务，从2013年开始与微信合作正式确立了天虹数字化转型之路，开启探索全渠道零售模式。天虹数字化以消费者为中心，推动线上线下融合，实现消费者随时随地购买、商品库存共享、配送到家（支持自提），为消费者提供消费便利。

天虹自建团队、自主开发虹领巾App移动生活消费服务平台，开发了多种交易形态。例如，"天虹到家"将整个超市的商品搬到线上，让消费者通过"虹领巾"App下单，由附近门店实现2小时送货上门。跨境电商体验店涵盖近千种明星海外商品，保税商品在店内展示样品，消费者通过App扫码下单，线下配送。"手机自助收银"让消费者通过虹领巾App"免排队收银"，提交订单并完成支付，让购物场景不再局限于卖场内和收银台，提高结账效率。

全渠道专柜是天虹"互联网+"战略转型的重要部分，也是天虹打造全渠道零售商、为消费者提供优质生活解决方案的重要步骤。全渠道专柜通过专柜虚拟货架销售更多款式和规格的商品，并通过到家服务、线上主题编辑为消费者提供解决方案。全渠道专柜使实体店的经营突破时空限制，打通线上和线下的销售关系，实现精准营销和引客到店，提升品牌的经营业绩。

门店的数字化转型还体现在"智慧停车""iPad收银""小天服务"等方面，通过连接周边的各类生活元素给消费者带来便利。"智慧停车"通过车牌识别技术实现无卡化的进出停车场，App停车引导，App及微信缴费、预约、车辆布防。"iPad收银"让消费者在店内试穿的同时就能完成付款。"小天服务"让消费者能够通过微信或虹领巾在线上与小天服务人员沟通。连接周边生活，消费者能够通过虹领巾App享受周边的电影票预订、餐饮排号、洗衣洗鞋、家电清洗等服务。

天虹率先拥抱新技术、自主探索开发智能科技，开设了第一家以会员专属形式运营的无人便利店。无人便利店以会员专属形式运营，连接虹领巾 App，采用 RFID 射频识别、智能监控、云客服、在线支付等技术手段，通过快速收银、无感核验、实时连接等服务，有效提升智能化购物体验。截至目前，天虹已经在广东、福建两省拥有便利店 162 家，无人便利店 1 家。

（2）以生活方式为逻辑的体验化转型

体验经济的兴起给天虹的实体店转型带来了启示。天虹在进行体验化转型的过程中，通过围绕不同生活方式打造主题体验的方式进行。这意味着天虹在着手零售逻辑的创新改变，由产品制造逻辑到商品品类逻辑再到生活方式逻辑，由物以类聚到人以群分，由物质到精神，从商品到服务，从功能到情感，让零售发展成为更高级的形态。

天虹购物中心定位于畅享欢乐时光的生活中心，致力于让城市生活更美好。其中，深圳宝安沙井的新沙天虹购物中心，成功打造全国首个室内夜宴主题街"Yes！街"，引进深圳首个超级大滑梯。宝安购物中心 Kids Republic 英伦小镇，是全国首家集儿童零售、娱乐、体验、培训、餐饮于一体的畅享欢乐时光的亲子主题街区。

此外，天虹的体验还体现在对传统百货超市业态的转型升级上。如苏州石路 CC.Mall 将转型升级之后的天虹百货与购物中心进行了创新特色的有机融合，打造面向年轻人及年轻家庭的多彩潮酷乐园。南昌 COOL+ 打造成了面向在校大学生的消费乐园；深圳 Discovery 打造成了 80 后都市女性的个性生活空间等。

天虹超市实现消费内容体验化，推出了Space系列生活超市，通过爱新鲜、会生活、赏视觉、享美味、爱美丽等主题，引入了包括烘焙、咖啡、牛排、料理等在内的大量即时消费业态。通过零售商品和即时消费的融合，让消费者在购物的过程中能够进行商品的体验，打造边吃边逛边买的消费场景。

（3）致力于重塑品质更好、价格更低、速度更快的优质供应链

在超市商品供应链发展方面，天虹超市通过全球直采、生鲜直采、打造自有品牌为消费者提供更多、更好的商品。目前公司生鲜果蔬的源采销售占比达40%。为顺应国内大众消费升级的需求，公司已搭建东南亚、韩国、欧洲、美洲、澳大利亚五大区域的全球直采网络。天虹旗下零售新物种——全球in选，引进海外优质商品到国内，打造了6个集合馆：Beauty美妆馆、Mon & Baby母婴馆、第六大道澳新馆、Kiitos食品馆、佰购欧美精品馆和中航品悦。天虹全球in选首次尝试采用RFID无线射频识别技术为消费者提供快速买单服务，是国内第一款真正落地商用的一体式RFID自助收银机。

在百货联营供应链方面，天虹与供应商深度合作，适度统装并基于定位和生活方式匹配商品，通过主题编辑实现百货经营贴近消费者生活；积极推进合作供应商开设全渠道专柜，给供应商创造价值，降低供应商的成本，提高经营效率；大力引进新兴零售品牌，完善商品结构、提升性价比，全面实施线上线下比价及同价策略。

在百货自营供应链方面，天虹百货自营业务已经发展形成了 Rain Life 系列品牌，分别提供服装、女杂、家居、亲子品类的集合商品。通过自营业务的探索，天虹补充了原有百货中缺失的品类，突破了过去的品类和品牌的限制，为消费者提供百货生活方式的主题编辑，提升消费者的对百货商场的满意度和忠诚度。

第三节　差异化经营，老牌零售逆风翻盘的关键

居民消费需求的升级及社会分工细化带来的个性化的强化和细分，导致消费者需求的个性化与异质性愈发凸显，这客观上对零售商的产出组合提出了差异化、特色化的要求。差异化的商品、个性化与特色化的零售服务将成为传统零售企业转型升级的必然选择；也成为老牌零售企业逆风翻盘的关键所在。

零售企业的差异化经营主要通过两个渠道来实现：商品的差异化与服务的差异化。在商品差异化上，现有业内零售企业主要通过采购模式的转变来实现。具体来说，零售企业通过组建专业的"买手"团队，在全球各地进行商品的选购，实现商品的自采与自营。在"自采"和"买手制"模式下，商品是否被选购取决于专业买手团队的市场判断和商品本身的畅销程度，这就区别于以往零售商被动接受供货的情况，从而在商品层面实现与传统零售店铺的差异化。目前，在零售实践中，超市业态的买手制及自采、自营已经取得一定成绩，如安徽乐城、武汉中百超市及多数企业的生鲜品类。而百货业态重启买手制仍处于试水阶段，百联、王府井、银泰、金鹰等业内领头企业都在进行自营和买手制的探索。由此可见，零售业集中采购、提高自营商品比例、重拾自身经营能力成为其实现商品差异化的必然选择。

第四章　老牌零售的自我革命

在服务差异化上，更多地体现为零售商本身的特色化经营。重点在于了解消费者需求，深入挖掘消费者的情感诉求，基于企业原有优势进行零售人、场、物的调整和改进，为目标消费者提供更加特色化的零售服务和零售体验。例如，北京汉光百货调整店内品类结构，放大更加强调体验的美妆品类；调整卖场布局，增加互动体验区和社交服务区。永辉、新华都等企业通过开展精品超市业务定位中高端市场，为消费者提供高品质、高质量的零售服。红星美凯龙强调服务口碑，围绕影响消费者满意度的关键要素进行卖场的改造和升级，为消费者提供极致而独特的购物体验。

案例分析：上海市第一百货商店：老地方新体验

上海市第一百货商店诞生于1949年，是中华人民共和国成立后上海市第一家国有百货商店，当时的名称是"公营上海市日用品公司门市部"，坐落在南京路627号浙江路口，营业面积1000多平方米。1952年12月正式定名"国营上海市第一百货商店"。1953年9月商店迁至南京东路830号现址（原大新百货公司大楼），开设有地下室、一楼、二楼共3个商场，共10600平方米。1992年6月，上海市第一百货商店股份有限公司成立，并于1993年在上海证券交易所上市交易。

改造后的第一百货商业中心建筑面积超过12万平方米，包括A馆（家庭购物馆）、B馆（餐饮及体验馆）、C馆（年轻族群乐活馆），以"现代城市生活者"为核心，致力于打造成为全客群、全时段、全业态、全品类和全渠道的休闲娱乐购物场所，传承上海商业优秀文化，重塑第一百货商业辉煌。从表4-1中可以看出，改造后的上海第一百货商店更加注重体验，提高了餐饮、休闲娱乐和服务业态的比重，零售业态的比重有所降低。大戏院、梧桐、弄堂、夜上海、都市前沿、潮货颜仓、探索发现和慢生活是上海第一百货商业中心的主题。

表 4-1　上海第一百货商业中心改造前后业态面积对比　（单位：平方米）

	餐饮	零售	休闲娱乐	服务	合计
改造前	11381	41471	3671	278	56801
	20%	73%	6.5%	0.5%	100%
改造后	20995	28494	3744	1244	54477
	38.54%	52.31%	6.87%	2.28%	100%

上海第一百货商业中心打出了"要购物，到上海"的旗号，兼有复古怀旧（见图4-2）与时尚潮流（见图4-3），成为游客们记忆、老年人怀旧、中年人光顾、年轻人驻足的地点。

打造100弄文化空间，展现沪海派的风格，重现时髦老上海，引起消费者的共鸣（见图4-4）。

第四章　老牌零售的自我革命

图 4-2　上海第一百货商业中心复古电梯

图 4-3　上海第一百货商业中心奇幻旅行社

图 4-4 上海第一百货商业中心的 100 弄文化空间

第四节　业态调整与组合式发展，走出困境的选择

不同零售业态本质上是满足差异化市场群体的需求产生的。消费者异质性的增加使得市场细分越来越细、越来越深入，加速了零售业态内部的裂变和要素重组，原有零售业态进行优化和调整，新的零售业态得以产生。在市场需求变革愈发多变、市场创新迭代的速度不断加快的背景下，老牌零售企业纷纷调整业态布局：一方面，维持原有优势业态稳定发展、转型升级；另一方面，积极尝试新业态布局。通过多业态并举的发展战略既保留了原有的市场份额，又扩展了新的消费群体，从而扩大了企业整体市场占有率，规避了单一业态发展的市场风险。

当消费市场出现萎缩时，综合超市会因为彼此间经营商品的重合度较高而面临更为激烈的竞争；并且，由于综合超市的经营面积、商品存货总量和雇佣人员数量都相对较大，资金投入较多，其转型调整会比其他小型业态面临更多的制约。因此，老牌零售企业的新业态布局集中在"小而精"的社区商业业态。例如，武汉中百超市、江苏苏果超市等原有以社区超市为主营业态的零售企业继续深耕细作，在业绩上保持较好的经营绩效，同时尝试扩展便利店业态；业内原本以大卖场为主营业态的零售商，如华润万家、家乐福等，也明确提出小业态、社区店的发展战略——家乐福的 esay 社区便利店、华润万家旗下

的乐购 EX-PRESS 标超，以及大润发的首家高端超市 RHLavia 等都是大型零售商进行的以小业态为代表的社区商业的尝试。

实体零售商的跨业态经营成为目前零售实践的常态。例如，永旺集团打造"10元店"业态 Living Plaza；步步高先后进入了百货、家电、餐饮等多种业态；红旗连锁在现有便利店、24小时店、快捷店的基础之上，逐渐涉足购物中心的经营。通过企业的跨业态经营，企业可以通过不同业态的差异化商品结构、促销策略和对消费者不同的理解和沟通方式，满足不同层次消费者的需求；同时，同一企业下的不同业态又可以通过联合促销等方式实现客流共享，降低企业的经营风险，提高企业利润。

从日本一些曾经专注于综合超市业态的知名零售商来看，根据不同的情况在业态调整与组合式发展上下功夫，是其实现市场深耕、走出困境的路径选择。进入 2000 年以后，日本老龄化、少子化问题日益严重，核心消费人群减少成为市场环境变化的主要特征。2006 年，修改以后的《都市计画法》提出了大型零售店由郊外回归城市的导向。在这样的背景下，"伊藤洋华堂""永旺"等零售企业从单个门店入手进行业态调整，并与店面选址的变化相配合，这在东京大都市圈表现得尤为明显。

伊藤洋华堂调整业态的方向主要包括购物中心、折扣店以及食品超市。一是转为购物中心。2005—2010 年间，伊藤洋华堂在东京都、

第四章 老牌零售的自我革命

千叶市中央区、川口市、相模原市绿区、深谷市等东京大都市圈范围内先后新开了 7 家大型购物中心，成为了当地区域内的零售活动中心。从场地使用来看，这 7 家当中只有 1 家的场地原先为零售店面，其余 5 家为工厂，1 家为货运车站。它们的总面积都在 20000 平方米以上，伊藤洋华堂自营面积在 10000 平方米以上。二是将部分现有门店转为折扣店。截至 2009 年，共有 10 家开设于 1945—2006 年间的门店先后转为折扣店，其经营面积为 1500~7000 平方米不等，经营内容以吃、穿、住类商品为主。三是调整食品超市业态的开店选址和规模。原先主要是以入驻其他郊外购物中心的形式开设，面积为 2000~3000 平方米；而 2010 年以后新开的位于东京都市圈的食品店面积则在 900 平方米左右，并且主要定位于高级食材，与其他零售商形成差异化。购物中心（"Ario"）、折扣店（"The Price"）以及食品超市（"食品馆"）等构成了伊藤洋华堂对应于不同业态的子品牌，提升了其竞争能力。

永旺的业态调整主要表现为由郊外的大型购物中心转向市中心成熟商业区的小型食品超市。长期以来，永旺专注于发展大型购物中心，但在 2005 年以后开始转向小型食品超市。这些门店的面积大约在 165 平方米左右，接近于便利店。但与便利店不同的是，其营业时间一般限定在早 7 点至晚 23 点，而非全天营业；商品定价以综合超市和食品超市为基准，低于便利店；并且，其中生鲜食品的品种明显丰富，销售额占比达到 30%。之所以采取这样的转换策略，主要原因在于市场缩小使得郊外大型购物中心业态逐渐饱和。2006 年修改后的《都市计画法》对 10000 平方米以上店铺的开设进行了限制，使得永旺原有的商业模式更加难以持续。永旺曾在 1995—2000 年间尝试以入驻郊外购物中心的形式开设"Max Value"食品超市，其目标客户是拥有汽车且以大量采购为主的群体。与之相比，城市中心的人口密度较高，在食品消费方面拥有广阔的潜在市场空间。永旺集中在这些地价较高、大型店难以进入的成熟街区大量地开设小型食品店，取得了短时间内占领市场的效果。

案例分析：长春欧亚业态调整战略

长春欧亚集团（简称：欧亚）成立于 1984 年，经过 30 多年的发展，已形成覆盖全国 10 省 22 市百余家门店的商业企业集团。

近年来，在国际政治经济格局变革发展的复杂形势下，国内实体零售业暴露出发展方式粗放、有效供给不足、运行效率不高等突出问题。同时也受到经营成本不断上涨、消费需求结构调整、网络零售快速发展等诸多因素影响，实体零售发展面临前所未有的挑战。在国内资源环境约束加强、国际经济复苏不稳定的双重压力下，零售行业的走势仍将持续震荡调整，整体增长减缓的趋势仍在继续。

面对居民收入的提高、消费结构的升级、消费层次的分化、线上电商与线下实体零售的融合发展，以及在国内政治、经济、社会、政策、环境、技术等多方面因素的推动下，欧亚集团适时把握住市场的脉搏和消费者的需求变化，确立和实施了多业态整合、创新零售格局的商业模式，以期在激烈的市场竞争和挑战中发展壮大，逐步做强做精。

1. 确立多业态整合商业模式

欧亚的发展一直沿着"三星战略"稳步推进，即以繁华商业区为中心，以区域商业中心为两翼布局，站稳长春市场的"小三星"；以长春为腹地，进军国内市场，实施南进北拓，辐射全国的"中三星"；以国内为根基，以东欧、东南亚为两翼，实施走出国门，渗透经营的"大三星"。通过对经济发展状况、市场发展情况和居民消费结构的调研，欧亚确定实行多店铺经营，通过收购、重组、商业地产开发、新设店铺等形式，将多种资源、要素进行不同组合，划分整合业态，重构销售网络，统建物流、信息流系统，总结经验，完善流程，确立了多业态整合的新型商业模式。

2. 打造特色经营业态

打造特色是多业态整合的关键，也是商业未来的发展方向。为了迎合现代都市人的消费特点，欧亚在转型和扩张的同时，壮大"自采"，强大"自营"，做大"自有"，加速自有品牌开发培育进程，欧亚龙标被国家工商总局认定为"中国驰名商标"。划分不同分子公司在经营管理上的"新与特"，目前集团的三大主力业态是：欧亚商场做"精"，定位为现代高端百货，"精"主要体现在质量上，"精"是其特色；欧亚卖场做"大"，定位为商业城市综合体，"大"主要体现在体量上,"大"是其特色;欧亚商业连锁做"多",定位为综超连锁,"多"主要体现在数量上,"多"是其特色。转型后的欧亚商都彻底摆脱了以往传统百货的影子,如欧亚商都乐活里,集购物、餐饮、休闲、娱乐于一体,全开放式街区殿堂设计,年轻时尚定位,突出互动文创区域、特色餐饮、线上线下互动、生活运动馆等五大主题,创意引进了20多种全新业态,增加功能业种,成为潮流特色集合店,注入了新的潮流基因、业态基因、体验基因,让消费者有了全新的、更加精妙的购物体验。此外,公司注重强化电子商务布局,目前已经实行线上电商和线下门店的双轮驱动,成功上线了东北最大的B2C网上商城"欧亚e购"、O2O落地项目"欧亚到家"以及跨境电子商务,开发了"掌尚欧亚"App、"欧亚微店"移动端等,让"线下体验、线上便捷"的互补优势融合发挥。

3. 搭建商旅融合产业架构

欧亚抓住旅游产业强势崛起的发展机遇,做出了进军旅游业的重大调整,构建"商贸+商旅"的产业架构,实施双功能、双业态经营的战略转型,打造现代商业的升级版。致力打造"两个世界级"工程,一个是在商业领域继续打造长春欧亚卖场,将在一平方公里范围内,打造一个千亿级工程,涵盖以城市历史、城市文化、城市风情等为主题的城市形象动态博物馆,以及四季恒有的"春夏秋冬游乐馆"、五星级酒店、会展中心、民俗村等业态,再造一个涉及"城市记忆""城市汇集""旅游商贸"等多行业汇聚的"商业城市",使之成为"既是长春的,也是世界的;既是民族的,也是人类的",能够传承于世的商业经典。另一个是在旅游领域,努力将欧亚山西神龙湾景区打造成集自驾旅游、山水观光、文化体验、康养休闲等功能于一体的国家级乃至在国际上有影响的生态旅游名胜,实现"近期超云台山,中期超九寨沟,最终进入世界旅游第一方阵"的规划目标。

4. 恪守诚信经营的为商之道

欧亚坚持重诚信、讲诚信,把维护和提升商誉看得高于一切,把诚信作为企业精神和价值信念不断传袭,不断打造有序运转的正能量磁场,形成了具有本企业特点的价值准则、道德规范、经营理念和文化观念。公司提出了"五合"经营准则,即合法经营、合格质量、合理价格、合情服务、合适管理。正是遵循了诚信经营准则和诚信经营理念,欧亚集团才能一手托起消费者,一手托起供货商。欧亚在回款上守信用,一天不拖延,准时足额将款项汇到厂家,使得与欧亚合作的供应商越来越多,人气越来越旺。同时,欧亚将消费者最关心的商品质量作为企业的生命线,坚持品牌经营,严把质量关,倡导安全消费、绿色消费。将服务做为经营管理的重中之重,始终践行"全心全意为消费者服务,善始善终为消费者负责"的服务准则,在消费者心中树起了欧亚信誉、欧亚品牌。

第五章
零售创新的法则

在新零售"风靡"零售业之时，有几个问题是需要我们深入探讨的。新零售究竟是零售巨头们的独舞，还是整个行业迎来的狂欢？是不是零售业的每一个参与者都有必要、并且能够融入到新零售的热潮中，实现向新零售的转型？对于新零售这个"欢乐场"来说，不同类型的零售商扮演的角色是相同的吗？最后，是千店千面的新零售，还是千店一面的新零售呢？

要解答上述问题，需要我们对零售行业抽丝剥茧，需要我们将零售行业进行分类分析。

从业态分类来看，当前我国零售业主要的业态包括百货、购物中心、便利店、超级市场、折扣店、专业店、专卖店，以及无店铺零售业态（包括网络零售、电话购物、自动售货机、邮购等）。目前，零售创新活动、尤其是零售的全渠道融合主要出现在百货、购物中心、便利店及超级市场等实体业态与电子商务的融合。新的零售业态及零售创新基本是围绕着上述几个基本业态展开的——增加新的功能形成具有复合型特征的新业态，或实现原有实体零售业态的数字化转型。由于不同业态的经营范围、经营模式存在很大差异，因此向零售创新转型的过程也存在不同。

对于零售经营活动，客流量、提篮率和客单价是三个

第五章 零售创新的法则

关键的指标,传统零售活动中,影响客流量的关键在于零售店铺的选址,零售店铺内部为消费者提供的各种商品和零售服务则是影响消费者提篮率的关键,客单价则直接与零售商本身的定位以及零售商提供的商品的品牌、品类等因素相关。电子商务对于传统零售的冲击则主要体现在前两个指标——客流量和提篮率上,因此零售行业转型的主要经营目标也在于客流量和提篮率这两个指标的提高。全渠道融合的战略转型直接增加了消费者与零售商的接触点,App 端、PC 端、实体店等多渠道的引流直接增加了零售商的客流量;那么如何使客流量转化成提篮率,这就涉及零售商在全渠道融合的情境下为消费者提供的商品和服务的体验。

第一节　零售创新的东方舞步

一、业态的竞争：体验为先、商品为本

（一）百货与购物中心抓品牌和服务

百货店和购物中心业态在经营模式上比较相似——都是品牌商直接入驻，商场不参与商品的经销，与品牌商采取联营的方式。百货店和购物中心的主要经营品类为标准品，即服装、鞋帽、箱包等，这类商品均比较容易实现网络比价，直接导致实体店铺成为网络店铺的"试衣间"。在现有百货店和购物中心进行全渠道转型的案例中，主要做法是自建网络商城和App，打通实体店铺、网络店铺和App端，打通会员系统、库存系统，实现线上线下的同款同价；对于到店消费者，则主要通过后台数据分析实现精准营销，通过店内数字化试衣间、数字化价签等的引入增强消费者的消费体验。定位于不同消费群体的百货店和购物中心，在进行数字化转型的过程中，采取的策略应该是不同的（见图5-1）。

定位于高端消费市场的精品百货、购物中心在转型的过程中应该将重点放在品牌和服务上。中高端消费市场的消费群体追求商品的品牌、品质以及购物的体验，电子商务的出现对该消费群体的最大影响是极大节约了其购物的时间成本。因此，高端百货类业态转型的关键

第五章 零售创新的法则

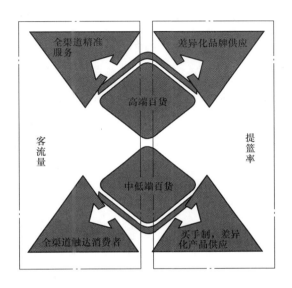

图 5-1 高端百货和中低端百货、购物中心转型创新的关键

在于打通线上线下资源，利用丰富的会员数据为消费者提供更加精准的服务，为消费者在各个终端的消费活动提供优质的服务和消费体验；同时更加强调引进的商品品牌，努力寻求差异化的高端商品品牌，增加消费者选择的空间。因此，差异化的商品品牌供应和全渠道融合的精准服务是高端百货和购物中心业态吸引客流量、增加提篮率的关键所在。

中低端百货和购物中心转型的路径则更为复杂。对于中低端消费群体，影响其购物的因素不仅包括商品的品牌、品质、购物体验，还包括重要的因素——商品价格，而电子商务对该消费群体最大的影响是降低了商品的价格搜寻成本，使比价变得极为容易。中低端百货和购物中心受电子商务冲击的两个结果是客流量下降和提篮率下降，以及在客流量不变的情况下提篮率下降，后者产生的原因就是实体店铺沦为网络零售的"试衣间"。因此，中低端百货和购物中心的转型升级需要同时考虑上述两种问题。实体百货和购物中心的全渠道转型可以实现客流量（包括线上和线下流量）的增加，而提篮率的增加则需要依靠实体店铺自身经营模式的转型以及线上线下商品品类的合理管理。一方面，实体百货和购物中心业态在现有联营模式下应该积极探索买手制的经营模式，建立专业的买手团队在全球范围进行采购，在产品上打破"千店一面"的困境，并以此避免线上渠道稀释线下客流以及与平台上的厂商品牌直接竞争。在"买手制"模式下，商品差异化明显，消费者难以进行比价，商品本身成为吸引消费者的重要内容，在与消费者全渠道接触实现客流量提升的基础上，提篮率的增长成为可能。另一方面，实体店铺线上线下平台的商品组合应该存在差异化，由于实体店铺受经营面积的限制，商品的展示空间有限；但线上平台的展示空间是相对不受限制的，因此线上平台展示的商品数量应该多于实体店铺内部的商品，打通企业内部库存资源，通过高效的库存调度满足消费者对于商品的需求（见图5-1）。

总体来看，百货店和购物中心的转型创新需要将数字化转型与自身经营模式的转型相结合，商品本身的创新和全渠道服务的融合构建起百货类业态新的零售时代。

(二）案例分析：红星美凯龙启动"服务口碑"项目改善消费者体验

红星美凯龙成立于 1986 年，是家居装饰及家具商场运营商。2000 年，公司推出了"红星美凯龙"品牌，并开设了首个品牌商场。

红星美凯龙认为家居流通可分为四个阶段：家居流通 1.0 是以家具建材销售的"马路市场"为主的发展阶段；家居流通 2.0 是"市场化经营、商场化管理"连锁卖场发展阶段；家居流通 3.0 是信息化、标准化和信用体系建设阶段；家居流通 4.0 是家居行业战略转型升级阶段。红星美凯龙从家居流通行业的实际出发，以创新应对挑战，苦练内功、扎实管理，坚持以"家居流通 4.0"实现企业转型，以统一物流配送、正品防伪追溯和信用体系建设为核心，依托支付、标准化、消费金融等创新应用，大幅度提升消费者的购物体验，全面促进家居流通供应链效率的升级。

1. "服务口碑"改善消费者体验

红星美凯龙的消费者了解家装产品最主要的渠道是通过亲朋介绍，其服务口碑是核心竞争力。红星美凯龙通过对消费者品牌喜好度、丰富度、商品质量及环保性、价格、环境、服务满意度、交通便利性、配套设施等近 20 项购买因子进行热度、相似度分析，借鉴不同行业多种消费者满意度模型，邀请外部专业机构多轮讨论，最终形成了包括环境、人员、价格、质量、服务 5 大核心因素的"服务口碑模型"。

2014 年，红星美凯龙正式启动服务口碑项目，通过组建相关支持组,启动项目SOP体系深度研发。以环境组为例,重点实施以下措施:一是统一物料,围绕整洁、整齐、整体的最终目标,先做减法再做加法,完成《统一物料规范》研发,实现试点物料种类较原先减少34%,广告收益却增加21.9%;二是设置休息区,统一规划试点商场,科学布设带有"逛累了休息一下"标示的休息区;三是规范儿童区,达到让带孩子的消费者多一个来红星美凯龙的理由;四是规范美陈,结合购物场景设置的"转角遇到爱""魔法盒子"等美陈案例,让消费者增加拍照分享的冲动;五是改造物业环境,定向研究SOP,明确装修及上下货期间严格的成品保护,实现开业8年的老商场依然容光焕发;六是改造停车场道闸及卫生间,让停车场僵尸车无处遁形,冬天的热水龙头、手机置物架、首创获得专利的儿童踢脚凳等细节无不体现红星处处为消费者考虑。

红星美凯龙通过标准的项目管理机制,实现科学推广复制。一是规模扩大,累计选拔50名口碑讲师,固化一系列标准课件及视频,通过集中巡店和蹲点指导,及时交流巡场问题,面对面沟通。二是统筹融合,对平行内容进行融合研发,在各模块交叉管理领域形成统一标准指导商场实施,解决标准并行给商场执行带来的困扰。三是源头优化,通过与集团建设事业中心等前端部门打通流程,在根本上保障服务口碑各项标准的良好落地。四是重点研发、分级实施,项目组各模块在试点经验的基础上总结得失、聚焦重点、布局关键领域深入研发,为后续商场更进一步的复制推广蓄力深耕,同时按照高、中、初级指导不同商场开展多层次推广复制,避免一刀切的僵化要求,保证实际效果。五是问题管理,通过"问题管理机制"将所有复制推广中产生的问题分为不同类型,使管理动作形成闭环,共解决486个问题,其中纯问题387个,纳入口碑知识库82个,触发SOP优化17个。六是考核测量,开展约78000次电话回访,获取成功问卷13000份;推送短信问卷约25万份,回收成功问卷7563份;针对竞争对手商圈进行6次现场调研,完成成功问卷600份;大量的调研数据指导集团和区域商场更好地明确工作优劣所在,及时调整,确保核心指标不断改善。

2. 提升供应链服务

为全面提升家居整体供应链效率、提供更好的服务,红星美凯龙联合香港大学大胆尝试物流配送,2014年起创建全资子公司——"星和宅配"品牌专业物流公司,通过建立仓储中心及配备相应设备设施,组建专业的仓储管理团队、物流运输团队及专业安装维修服务团队,提供全流程家居行业的售后配送安装服务。

一是确立自营和平台双发展模式。自营模式由星和宅配负责场地、设备、人员、车辆等全部资产投入和管理,提供全链条运营服务;平台模式由合作方负责场地、设备、人员、车辆等全部资产投入和管理,星和宅配提供运营服务标准、物流系统、满意度管理和培训支持,监管服务质量达到星和宅配标准。通过双模式发展,业务规模不断壮大,目前已覆盖6个城市全自营+一个城市平台模式。

二是聚焦健康指标和效率指标。健康指标以消费者感受、商户感受和问题管理为核心，侧重服务对象的满意度，通过对所有配送安装订单在 24 小时内进行 100% 消费者回访、每月对所有商户进行满意度调研、问题 100% 跟进解决，无一起积压客户投诉，确保业务良性发展。建立物流配送三大服务承诺，入库商品星和宅配负全责、因送货造成的退货星和宅配买单、因送货造成的投诉星和宅配免单。效率指标以每单配送成本、人效比、利润率为核心，侧重运营的效率，对异常指标明确运营问题并加以调整，确保业务盈利能力。所有星和宅配项目的运营初期均首先确保健康指标，随着业务平稳健康发展，逐步加大效率指标的考核权重。

三是精益物流仓储管理系统建设。红星美凯龙按照"统一平台、统一数据库、统一网络"的要求，设立统一信息管理系统，并整合线路、配送、库存等优化策略和物流计划，以及资金管理、客户管理等直观的商务智能分析，实现数据处理的全面控制，提高整个物流系统的资源计划控制力度和管理控制能力。系统管理使用 WMS 系统，及时录入商品数据，支持在途信息查询、实时库存信息推送、App 一键下单，让商户实时查询库存状况，便捷销售，实现智慧物流，并最终利用大数据更好地满足消费者和工厂需求。

四是香港大学研究团队支持研发标准体系。在香港大学教授和博士后团队的支持下，在基础设施建设、信息化系统建设、现场管理、物流配送流程、岗位设定及岗位职责规定、绩效考核等方面打造全面的流程体系，并通过实践验证"最后一公里"配装体系，使物流服务规范标准化，提高物流效率和服务质量。

五是确保仓储质量。中国仓储地产第一品牌普洛斯和新加坡丰树、万科物流地产等优秀合作伙伴确保项目在宽敞空间、自然采光、便利的卸货平台、严格的消防设施、24小时安保、便利交通等方面更有保证。

3. 正品战略推动质量管理

红星美凯龙健全家居绿色环保质量检测标准体系。从2013年起，邀请了众多国标拟定专家一起研讨，制定覆盖家具、建材等13大主流品类的环保质量检测评价标准"家居绿色环保领跑认证规则"，成为家居行业唯一得到国家质监局备案的企业环保质量标准。该标准中消费者家居健康、安全指标全面高于国家标准，如国标对于板式家居甲醛释放量的要求为不高于1.5毫克/升，而红星美凯龙的企业标准为不高于1.0毫克/升。

同时，建立家居商品编码标准体系。红星美凯龙借助ERP系统，编撰并实践了家居行业唯一一套单品编码体系，保证同一商品在不同商场内实现准确描述。在单品编码的基础上，为更好地解决消费者商品全程追溯的需求，打通供应链上下游的商品管理，红星美凯龙还在研发商品码、物流码和正品编码一体化的流通编码。

红星美凯龙建设了家居行业正品追溯体系，于2015年正式发布"中国家居正品查询平台"。平台为家居产品生成独一无二的品牌赋码，详细记录产品的生产、物流、仓储、销售等信息，消费者通过手机可以轻松查询产品信息，验证真伪，获得了众多家居品牌的支持。2016年，红星美凯龙联合中国质量认证中心，与200多个国内外家居品牌一起，发布了"中国家居正品战略"，实施假货"零"容忍，坚决执行"退一赔三"，先行赔付，并坚决清除售假商户。

在商户信用管理方面，从2012年起，红星美凯龙启动商户信用管理的探索与实践，围绕消费者最关注的质量、价格、服务、送货、履约行为、消费者喜爱度6个维度对商户进行信用评定，将商户从一星到五星进行分级管理。从2015年开始，红星美凯龙对信用体系进行再次升级，建设行业全过程的信用管理。第一，将红星美凯龙平台上积累的信用数据与政府商务诚信平台共享互通，促进信用数据在社会上的融合，尤其是在家居行业中的深入应用。第二，依托家居正品追溯和物流配送的试点，打通家居上下游链条的信用管理。同时，依托正品防伪追溯和物流供应链体系，分阶段推动品牌工厂信用评价，逐步纳入对上下游工厂的信用信息管理，加快形成"事前告知承诺、事中评估分类、事后联动奖惩"的全过程信用管理体系。

在金融服务方面，红星美凯龙下属公司星易通汇在家居消费金融领域已经开展了大量工作。在支付业务上，红星美凯龙将加快移动互联网支付牌照申请。同时，还将依托供应链体系中的信息流、物流和信用数据流的融合，推进对家居流通中的中小型企业、供应商、经销商的信贷授信、融资支持，降低供应链整体成本，提升流通效率。

红星美凯龙目前已在北京、上海、天津、重庆、南京等147多个城市开办了210家家居商场,总经营面积超过1200万平方米。目前,全国商场共15000多个国内外知名品牌在售,逾53000家经销商入驻,覆盖家具、建材、软装、家电、装修设计等品类,年销售额超700亿元。过去3年内,红星美凯龙年收入复合增长率、企业净利润年复合增长率、新开门店数复合增长率均超过15%,并于2015年在港交所上市。

红星美凯龙"服务口碑"研发核心项目迅速在全国11家试点商场全面实施,最终每个商场都形成标准加自我特色口碑打法。截至2016年年底,有128个商场达到服务口碑管理体系标准。2017年,在全国120多个城市、200多个红星美凯龙商场都以全新的状态,为消费者提供高质量的服务体验。同时,红星美凯龙利用"服务口碑"项目实现了经营业绩的提升。2015年国庆黄金周期间,红星美凯龙创造了186万人次客流量的纪录,销售额同比增长15%,突破48.3亿元。此外,经过一年的探索,各试点商场成效明显,天津河西商场、合肥政务商场、苏州园区商场等试点后经营指标全面提升。

(三)超市业态以高质量商品和价格赢得消费者

超市业态是零售创新的前沿阵地,也是目前竞争最为激烈的领域。新零售这一概念最初的表现形式就是基于生鲜超市业态建构的复合型新业态,典型代表就是阿里的盒马鲜生、永辉的超级物种、京东的7FRESH(见图5-2)和保利的精品超市YOOYA(见图5-3)。上述新零售业态基本形成了"生鲜超市+餐饮+电子商务"的复合业态形式,目标消费群体是中高端消费市场。上述新零售业态形成了实体门店、电子商务、App 的闭环，通过全渠道消费体验的升级和创新实现了客流量、客单价及提篮率的全面提升。基于前期生鲜超市行业零售创新实践取得的成功，大量模仿性的生鲜超市业态相继出现，但市场效果并不理想。归其原因，新零售的表象是全渠道融合、新的业态形式以及更好的购物体验，其背后是零售业经营模式的转型和供应链的优化。以盒马鲜生为代表的新零售业态放弃了传统超市依靠"前台毛利+后台毛利"的盈利模式和经营模式，而是加大商品的自采和自营，实现了商品的差异化经营；基于零售分销服务的重新组合和配置，形成与传统零售不同的消费者购物体验，由此实现服务的差异化；更为重要的是，依托于后台的数据计算能力实现卖场的数字化运营，使拣货、配货、结算等环节均实现智能化，极大节约了时间和人力，提高了店铺的人效和整体运营效率。

图 5-2　京东 7FRESH

第五章　零售创新的法则

图 5-3　保利精品超市 YOOYA

以阿里巴巴、京东为代表的零售商自营的零售新业态在一线城市取得了一定成功，那么其他传统实体超市企业该如何创新转型呢？事实上，从实体零售和网络零售发展的整个历程可见，多数实体零售商曾尝试建立电商系统并推广线上运营，但受制于成本高、周期长以及缺少流量等因素，实体零售企业自营电商系统的尝试并未有十分成功的案例。目前来看，依托于现有电商平台开展自身业务是多数实体零售商的选择。而在超市行业，与平台企业合作（典型的如多点平台和京东到家平台）已经成为超市业态实现全渠道经营的重要选择。但是，实体店铺＋平台的合作模式仍然存在一些问题。例如，依托京东到家开展线上业务的超市企业面临的重要问题是，到家业务使零售店铺实际经营的地理范围极大扩展了，传统超市经营中最重要的"店铺位置"

161

因素在网上经营中已经显得不那么重要了,取而代之的是商品和价格对于消费者的吸引力。商品对于消费者的吸引在于两个方面——消费者是否能够在该店铺购买到需要的商品,以及消费者是否能够以合适的价格购买到高质量的商品。对于消费者高频购买的生鲜类商品来说,商品本身的质量成为实体零售商竞争的关键;而对于其他高频购买的标准品商品来说,商品的精准化及商品的价格都是零售商竞争的关键点。这些问题使得全渠道融合下的实体零售的竞争关键重新回到高效的供应链以及精准的客户分析上。

(四)便利店重点放在线下场景化及门店数字化上

目前,便利店业态是实体业态中发展速度最快、市场成长空间最大的业态。除了传统便利店零售商不断扩大市场覆盖率和市场占有率外,传统零售巨头也试水便利店业态,力图以便利店业态的创新转型作为市场竞争的突破口。

便利店的零售创新重点放在线下场景化及门店数字化上。目前主要有两类场景化创新:第一类是主题式新型便利店,典型代表为苏果的"IP+便利店"模式(见图5-4)。苏果以主题的形式打造新型便利店,以IP为新的流量入口,构建起消费者与零售商在情感上的联系和纽带,并通过基于IP的商品和服务的创新来强化消费者的购物体验,满足消费者更深层次的心理需求,从而实现便利店的差异化经营。第二类是社区超市型便利店,典型代表为家乐福的"Easy家乐福"(见

图 5-5)。区别于传统便利店的经营面积和商品结构，"Easy 家乐福"实现了社区超市和便利店的有机结合，在商品组合方面，既提供便利店的鲜食商品、即时商品和基本食品，又增加了柴米油盐和生鲜商品；在店铺布局方面，增设休闲区和餐饮区，以满足消费者堂食的需求；在服务方面，增加了具有社区服务功能的设备，满足消费者的生活性服务需求。

图 5-4 苏果好的"多鱼"主题便利店

图 5-5　Easy 家乐福便利店

在门店数字化方面，全渠道经营是目前传统便利店转型创新的重要举措，根据 BCG《2018 年中国便利店报告》，2017 年有 36% 的样本企业引入网络零售，相较于 2016 年增加了 7 个百分点。除了强调便利店的全渠道经营和全渠道融合外，无人便利店是目前便利店市场的重要尝试。相较于传统便利店，无人便利店以大数据、云计算、VR 技术等技术为核心构建起便利店的购物场景，实现对消费者购物流程的改变和重构。

目前无人便利店主要有两种类型：一类无人便利店与传统便利店店内陈设模式相同，消费者在购物的全过程采取自助方式完成，典型代表为缤果盒子（见图 5-6）、小麦公社和阿里巴巴的淘宝会员店。在

第五章 零售创新的法则

第一类无人便利店模式中，VR 技术的应用是关键。目前，VR 技术主要应用于消费者身份识别、防盗减损、消费者行为动态数据捕捉以及标签识别等方面。第二类无人便利店类似于升级版复合型自助购物机——消费者通过电子屏幕选购商品、完成支付、商品自动打包、取货，由此完成整个购物活动，典型代表为神奇屋（见图 5-7）和 F5 未来商店。在这类无人商店中，无人技术、物联网和大数据技术的结合是关键，无人技术即利用微型自动化仓库、磁悬针（微型机器手）与生物图像识别组合实现后台的自动拣货，完成无人销售的关键环节。对比两类无人便利店的模式，第一类无人便利店的技术重点放在店铺前端的入口和结算环节，第二类的技术重点放在后台的拣货环节（见图 5-8）。

图 5-6　无人便利店缤果盒子

165

图 5-7 无人便利店神奇屋

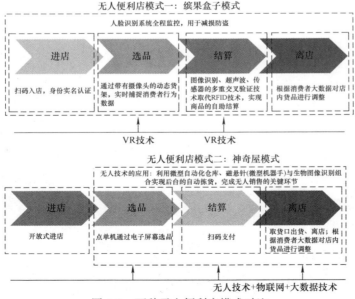

图 5-8 两种无人便利店模式对比

二、品类的竞争：速度为王

零售创新的主要趋势在于利用大数据分析还原消费者的生活场景，并根据消费者的生活场景重新构建和配置资源、要素，从而更精准地满足消费者需求。消费者对于不同类型商品的购买频次、需求的紧迫性存在差异，因此不同的商品品类对应着消费者不同的生活场景和消费场景；而那些最频繁出现在消费者的生活场景中、那些消费者对于商品的交付时间有着极强要求的商品势必成为零售商最先关注的市场。

将商品按照标准化程度和消费者的购买频率进行划分，如图 5-9 所示。生鲜商品和鲜食商品属于非标准化商品，也是消费者高频购买的商品品类，这类商品也是目前商超、便利店等业态利润最高的商品；食品、日用品、服装鞋帽等品类属于消费者高频购买的标准品品类；3C 产品、家具等商品属于消费者较低频购买的标准品，这些商品品类是实体零售店受到网络零售冲击最大的商品品类，也是目前电子商务最具有优势的商品品类；而定制化家居等消费者低频购买的非标品目前主要由实体零售业态提供。从目前消费者高频购买的主要商品品类来看，线下零售商在生鲜商品和鲜食商品方面具备优势，而线上零售商在服装鞋帽、日用百货和食品等方面具有优势。相较于日用百货和包装食品，消费者对于生鲜商品和鲜食商品的需求往往具有即时使用和临时性购买的特点，因而消费者获取该类商品的速度与时间就成为零售商需要解决的关键问题。

目前,生鲜这一细分市场已成为零售创新的"主战场",电商巨头与实体零售均试图在生鲜市场的全渠道经营上打开新的局面。目前,生鲜领域的新零售尝试主要有以下六种模式,如图 5-10 所示。

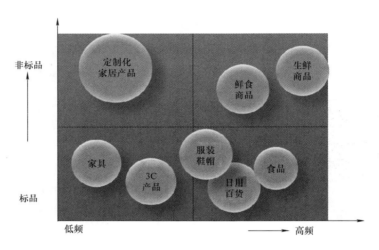

图 5-9 按照标准化程度和消费者的购买频率划分商品

图 5-10 生鲜品类零售创新实践的六种模式

模式一："门店自营＋线上经营＋自营配送"的仓配一体模式，典型代表为阿里巴巴的盒马鲜生。盒马鲜生经营的商品以生鲜品类为主，线下经营提供多功能的消费场景，线上经营承诺30分钟送达。在该模式下，盒马鲜生实体店既具有门店经营能力，又成为其线上经营的前置仓。京东的无界零售新业态7FRESH属于线上线下一体化的生鲜超市业态，该业态同样为复合型新业态，目标消费者为中产阶层，与盒马鲜生在商品品类、经营方式等方面展开直接竞争。

模式二："自建前置仓＋线上自营＋自营配送"模式，典型代表为每日优鲜。每日优鲜采取在城市中心离消费者消费场景最近的地点建立微仓，每个微仓的覆盖半径在3千米范围内，将商品放置于城市的前置微仓，并配置冷藏仓、冷冻仓、常温仓，客户在线上下单之后，能够保证商品在2小时之内送达。

模式三："线上自营＋联合配送＋以零售终端为前置仓＋自建前置仓"模式，典型代表为阿里巴巴的闪电购。天猫闪店购是天猫与易果、安鲜达合作打造的项目，消费者通过淘宝App在线上下单，系统将自动将订单信息发送到最近的门店，由门店后仓完成包裹拣选打包，三公里配送范围之内的商品可以保证在1小时之内送到消费者家中，经营的主要品类为生鲜商品、轻食速食商品和半成品。在闪电购的商业模式中，前置仓有两种：一种为自建前置仓；另一种为与便利店、社区超市合作，将便利店和社区超市作为前置仓。

模式四："自营门店＋自建前置仓＋接入平台＋平台配送"模式，典型代表为沃尔玛。沃尔玛进军生鲜领域的重大举措就是建立纯前置仓；沃尔玛与京东合作接入京东商城以及京东到家平台，消费者通过到家平台下单后，由距离最近的前置仓发货，并由京东达达进行配送。

模式五："自营门店＋接入流量平台＋平台配送"模式，典型代表为传统商超（如永辉、京客隆等）与京东平台的合作。永辉超市本身是实体生鲜超市的代表零售品牌，在线下生鲜运营方面具有极强的优势；在零售全渠道的背景下，永辉与其他众多商超采取了接入平台的方式，例如入驻京东到家平台，通过京东达达到家实现终端配送。

模式六："自营门店＋赋能平台＋平台配送"模式，典型代表为物美、中百、人人乐等传统零售商与多点平台的合作。模式六是在模式五的基础上由传统零售商与电商平台开展更深入合作的一种经营模式。多点平台与传统实体商超合作，不仅依托于多点平台实现线上经营和配送，更为重要的是，多点依靠自身技术能力和资源对传统门店进行系统化的数字化改造，打通实体店铺的线上线下资源，使传统零售商实现数字化转型升级。

上述六种经营模式，按照消费者购物体验、零售商经营成本和客流量进行划分，三个维度均处于最高水平的是第一种"门店自营＋线上经营＋自营配送"模式，该种模式门店即为其前置仓，虽然经营成本最高，但实现了线上线下的协同经营，客流量最高，消费者的购物体验也最好,其门店的成本可以由实体门店本身带来的流量和营业额分摊掉。以沃尔玛为代表的"自营门店+自建前置仓+接入平台+平台配送"模式同样具有高成本、消费者体验好和高流量的特点——自营门店和接入平台的模式实现了线上线下的融合,扩展了零售商的线上客流量和消费者全渠道购物的体验。而前置仓的设置进一步扩大了沃尔玛的经营辐射范围、尤其是生鲜品类的线上经营范围,但前置仓成本较高,且前置仓本身不从事经销活动,使得成本无法被分摊。模式二和模式三均缺少消费者购物体验的线下渠道,但通过前置仓的设立实现了物流效率的提高,因此相较于传统电商,模式二和模式三对消费购物体验和流量具有更明显的提升。在成本方面,模式三除了自建前置仓的模式,还采取了与现有线下零售终端合作的模式,这一定程度上降低了前置仓的成本,因此相较于模式二、模式三更具有成本优势。最后,模式五是现有传统零售店实现全渠道融合的最主要模式,也是相对成本最低的模式。实体零售商接入第三方流量平台,平台为传统的线下门店提供了新的流量入口,并把门店产生的订单及时配送到消费者手中,增加了零售商的总客流量,也满足了消费者全渠道购物的需求。模式六是传统零售商实现数字化转型更为有利的渠道,依托赋能平台实现自身系统化的数字化转型升级,实现客流量的增加和消费者购物体验的提升。尽管在成本上模式六要高于模式五,但在经营坪效上模式六更具优势;且从长期来看,模式六更有助于传统线下零售企业实现真正意义上的全渠道经营(见图5-11)。

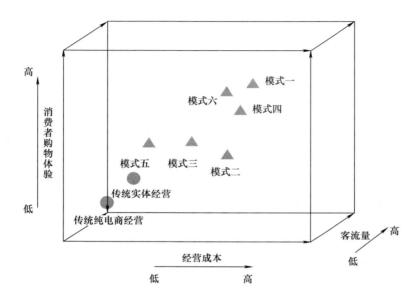

图 5-11 六种生鲜类新零售商业模式对比图

从整体上看,模式一和模式六均在消费者体验方面有所突破,因此更容易获得消费市场青睐,未来成长空间较大。从模式五与模式六的对比来看,模式六更有利于真正实现传统零售企业的数字化转型,将成为更多零售商转型升级的选择。

根据第三方大数据平台公布的 2017 年 12 月至 2018 年 3 月移动 App 月活榜（见表 5-1~ 表 5-4），多点 App 月活跃人数高居新零售类 App 首位且遥遥领先于其他新零售类 App,月活人数超过 600 万人且呈现稳定上升态势。每日优鲜位列第二位,但月活跃人数呈现下降趋势。京东到家和盒马鲜生月活跃人数比较接近,但京东到家呈现一定下降趋势,2018年3月有所回升,盒马鲜生App月活跃人数总体呈上升态势,2018年3月略有回落。根据该数据,多点的赋能平台模式(模式六)和盒马鲜生模式(模式一)的市场表现更加突出,未来发展前景更加有利。

表 5-1　2017 年 12 月

排名	App 名称	月活人数(万人)	环比变化%
302	多点	529.3	5.21%
561	每日优鲜	215.1	9.07%
661	京东到家	174.5	2.72%
868	盒马鲜生	121.1	8.43%

表 5-2　2018 年 1 月

排名	App 名称	月活人数(万人)	环比变化%
302	多点	607.30	14.73%
617	每日优鲜	197.73	−8.06%
697	京东到家	164.30	−5.82%
758	盒马鲜生	146.85	21.24%

表 5-3　2018 年 2 月

排名	App 名称	月活人数(万人)	环比变化%
269	多点	661.5	8.92%
740	每日优鲜	162.6	−17.76%
759	盒马鲜生	157.1	7.01%
801	京东到家	146.0	−11.15%

表 5-4　2018 年 3 月

排名	App 名称	月活人数(万人)	环比变化%
263	多点	693.4	4.82%
660	每日优鲜	96.1	20.56%
708	京东到家	178.8	22.50%
814	盒马鲜生	148.3	−5.62%

可以说,电子商务的出现使得零售商为消费者提供的信息服务和交付服务打破了时空限制,实现了信息服务和交付服务在时间和空间上的分离;而零售的全渠道融合进一步促进了时空压缩,消费者对于交付服务的需求进一步提升,消费者对于商品的物流速度和配

送时效的需求已经从生鲜商品、鲜食商品品类扩展到食品和百货用品，"速度"成为全渠道融合下零售商竞争的"利器"。除去生鲜和鲜食品类，在食品、百货用品的全渠道经营中，"自营门店＋流量平台＋平台配送"和"自营门店＋赋能平台"模式是当前商超类企业最为普遍的模式，也是相对配送速度最高的模式。这两种模式的本质是充分利用实体零售店铺的线下资源，以三千米范围为配送半径，实现高效交付服务的高效社区商务模式。随着零售创新实践的进一步发展和市场竞争的不断加剧，对于食品和百货用品的全渠道效率竞争将是零售市场下一步竞争的关键争夺点。在商品和服务改善的同时，配送速度依然是这一市场竞争中的利器。

第二节　零售创新的西式节拍

零售业是我国对外开放较早的行业，也是对外开放最为彻底的行业。可以说，我国现代零售业的发展历程就是一段不断学习、追赶国际先进零售企业的过程。尽管在电子商务、移动支付等领域我国零售业似乎实现了"弯道超车"，但是，使国际零售巨头基业长青的经营秘籍仍是我国零售企业所欠缺的，也是国内零售企业需要长期学习的。

伴随着全球科技创新的持续发展及消费者需求的不断变革，国外零售企业也不断进行创新和变革，涌现出许多新的零售实践，但不同地区的零售业发展趋势呈现出一些差异——美国零售业的创新表现为科技推进的零售业态的变革，典型代表为无人超市Amazon Go；日本零售业的创新表现为传统实体业态分销服务的不断创新和升级；欧洲零售业的创新表现为市场细分的进一步细化，如面向中产及富裕阶层的有机超市的兴起。这些新的零售实践对于变革中的中国零售发展也具有一定的启示。

本节重点关注了国外零售企业经营成功的经验，并介绍了国外当前零售创新的趋势和热点，以期给如火如荼的国内零售创新实践以更多借鉴和启示。

一、美国：信息技术构建起高效零售

2018年7月19日，美国知名商业杂志《财富》向全球同步发布

了 2018 年世界 500 强排行榜，美国沃尔玛连续第五年成为全球最大公司。作为全球零售巨头，沃尔玛公司对于全球零售企业最大的启示在于展示了零售企业信息化和供应链管理的重要性——沃尔玛采取以消费者需求为起点的拉式供应链，通过总部在全球范围内的直采降低采购成本，以信息化建立高效的物流配送体系。随着电子商务对实体零售冲击的不断加剧，近年来，沃尔玛公司在继续强化信息化建设构建更为高效、低成本的供应链系统的同时，也积极开拓网上业务，并直接与亚马逊公司展开竞争。沃尔玛近年来在电子商务领域的布局主要通过一系列并购活动完成——2016—2017 年，沃尔玛先后并购了 Jet.com（小型购物平台）、Shoebuy.com（主营鞋类、服装、箱包和配件的电商）、Moosejaw（主营服装及相关产品）、Modcloth（主营女性服装）、Bonobos（主营男装）等电子商务企业。此外，沃尔玛还在 2017 年收购了 Parcel 快递公司，以解决电子商务在最后一公里的配送问题。沃尔玛网上商城如图 5-12 所示。

图 5-12　沃尔玛网上商城

美国最大的连锁会员制仓储量贩店 Costco 依靠会员制实现了超市低毛利率运营的成功奇迹。Costco 的成功主要依托于其高效的品类管理能力和高度的消费者忠诚度。Costco 的品类管理主要体现在"精准"——缩小品类和品牌数量，每个细分品类只选取 1~2 种品牌，且选取的是消费者最常购买的"爆款"商品。由此一方面使得库存周转变快；另一方面 Costco 可以实现对某一单品的大批量直采，提高了对于供应商的议价能力，降低了采购成本，保证了商品较低的价格。对于消费者而言，消费者成为 Costco 的会员即可以以低廉的价格买到所需商品，为消费者提供所需的"高质低价"的商品成为 Costco 最吸引消费者的法宝，也是使消费者对于 Costco 的黏性不断增强的根本原因。

Amazon Go（见图 5-13）是亚马逊公司推出的无人便利店新业态，在美国西雅图开设的首家店于 2018 年对外营业。Amazon Go 利用计算机视觉、深度学习算法和传感器融合等技术重构了消费者在实体零售店铺的消费行为，实现了消费者从入店、选购到出店的全流程自助，取消了传统零售活动中消费者需要排队支付的环节，极大地节省了消费者的购物时间。消费者通过亚马逊 App 扫码入店，位于店内的摄像头和计算机视觉对消费者的行为进行自动捕获和识别，消费者选购的商品会自动被加入 App 的购物车中，离店时消费者无须专门支付，在消费者通过店铺出口（Just walk out）即自动完成支付。目前国内无人便利店中的缤果盒子与此模式比较接近，区别在于缤果盒子目前无法实现 Just walk out，而需要在结算区自助结算。在商品选择方面，Amazon Go 的主要商品是即时商品、饮料类商品以及 Whole Foods Market 的有机商品。

图 5-13　亚马逊无人便利店 Amazon Go

二、日本：追求品质、注重文化内涵

日本零售业的创新趋势在于实体零售服务的不断创新与升级，尤其注重实体零售的购物氛围和环境的营造，强调零售店所承载的人文内涵。例如，大前研一在《M 型社会——中产阶级消失的危机与商机》一书中将面向中低收入群体的经营策略概括为"憧憬自由之丘"，即提供价格低廉但更加优质的商品和服务，让消费者享受"向往却承受不起的自由之丘的气氛"⊖，典型代表如日本的大创百货。大创百货是日本最早开出的"一价店"业态，店内商品统一标价。为了保证商品

⊖　注：大前研一.M 型社会——中产阶级消失的危机与商机 [M]. 北京：中信出版社，2010：73.

的性价比的同时维持企业经营利润,大创百货主要从采购和经营两端发力——在采购方面,通过快速开店扩张促进商品在上游的规模采购,增加对供应商的议价能力;在全球范围内进行直采,降低商品采购成本。在经营方面,注重商品创新,通过定期推广新产品提升消费者复购率;扩展经营品类数量,满足消费者一站式购物需求。

此外,日本零售创新的独特之处在于注重消费的文化内涵和消费者的情感需求。例如,阪急阪神百货通过对传统店铺的改造,将其转型为"剧场型百货",即将百货店打造成文化创造的中心,使消费者能够在百货店内获得"惊喜、发现、学习、崇拜的机会"⊖。新宿伊势丹的改造是将卖场转变成艺术馆,在卖场内增设小公园区域,在卖场各层进行商品和购物情境的重新设计和组合,同时对商店的背景音乐进行重新设计,形成极具艺术感和体验感的新购物空间。再如,对松坂屋银座店的改造,改造后的松坂屋以"GINZA SIX"(G6)名义亮相,强调第六感(Six 的意思)的文化直觉和文化感知,对原有空间进行改造,增加戏曲馆,还原江户时代庭院文化的文化景观,同时引入新的经营产品,打造极具新鲜度、具有文化吸引力的新型购物场景。⊖

同时,目前日本零售业尝试将现代"黑科技"融入实体零售店,以进一步提升消费者的购物体验,尤其是消费者在购物过程中的社交体验感。例如,日本的帕可连锁百货(Department Store Chain Parco)

⊖ 资料来源 http://www.linkshop.com.cn/web/archives/2015/321740.shtml?sf=wd_search

⊖ 资料来源:联商网 http://www.linkshop.com.cn/web/archives/2018/397462.shtml

开发了智能机器人 Siriusbot，用于在百货店内通过语音和内置屏幕为消费者提供导航服务；对于身高不足 1 米的儿童，它也可以陪伴消费者到达店内的目的地。此外，Siriusbot 还可以用于清点库存。

三、欧洲：业态成熟、市场细分深入

欧洲的零售市场发展较早，目前已经形成比较成熟的零售体系和稳定的零售业态结构。近年来，随着消费者需求的日趋差异化，欧洲零售业的市场细分日趋细化，业态内部进一步分化。除了现有的仓储会员卖场、大型综合超市、标准超市、折扣超市、专卖店和便利店外，有机超市成为近年来欧洲地区发展较快的新兴零售业态。区别于传统综合超市和标准超市，有机超市（比如德国的 Alnatura 有机超市，见图 5-14）体现了"专业的零售商"的特点，有机超市内销售主要商品——生鲜产品、化妆品、护理品等均为有机产品。

图 5-14　德国 Alnatura 有机超市

在欧洲的零售企业中，德国的 ALDI 是极具竞争力的零售企业。ALDI 是典型的折扣超市，其特点在于优质低价，而维持优质低价的关键就在于 ALDI 的自有品牌策略——ALDI 在全球范围内寻找生产商进行贴牌生产，ALDI 店内出售的商品几乎都是自有品牌。ALDI 的选址基本在社区，店内单品数量较少，但囊括基本居民生活需求，包括包装食品、饮料、生活用品、冷冻商品及生鲜商品，平均经营面积约在 800 平方米左右，自有品牌商品占比在 85% 以上。

四、打开未来零售之门：人工智能在零售业的应用

图 5-15 所示为 Daniel Faggella（2018）归纳的人工智能技术在零售业的当前运用及未来趋势，他将人工智能在零售业的运用分为五个方面——销售和客户关系管理、客户建议、生产制造、物流配送以及支付服务。从目前来看，人工智能在支付服务方面的应用较多，与此相对应的是无人零售业态的兴起（如 Amazon Go 和我国的无人便利店业态）。此外，智能机器人逐渐在实体零售业中出现，用于改善消费者的购物体验（如日本的百货店）；而客户建议、生产制造以及物流配送中人工智能技术的运用相对较少。我国的新零售实践必然离不开大数据、人工智能等新技术的运用，但是正如 Daniel Faggella 的评价，"最可能被零售业广泛采用的技术是那些更直接地产生投资回报的技术"。零售技术的运用仍然需要考虑到企业面临的成本压力和实际的经济效益。

图 5-15 人工智能技术在零售行业的应用

通过对比国外零售业创新实践与我国新零售实践可见,全球零售业发展呈现出比较一致的趋势。科技的应用、体验的升级、全渠道的融合是零售业创新和变革的大势所趋,也是未来零售竞争的关键所在。

我国零售业的发展在方向和趋势层面已经实现与国际同步,甚至呈现出赶超的态势。然而,值得注意的是,相较于发达国家基业长青的零售企业,我国多数零售企业在"基本功"方面的不足是十分值得注意的。

首先,从业态上看,目前我国零售业在市场细分方面存在一定的弱化,尤其是面对金字塔底层市场的零售业态创新略显不足。折扣店业态,尤其是商超类折扣店在我国尚未发展起来,而从国外零售业态的发展经验来看,折扣店业态在各国零售市场业态体系中占有十分重要的地位。

其次，从经营能力来看，我国零售业各业态买手制发展不足。专业买手团队的建立尚需时间，该问题在百货业态中尤为严重。此外，自有品牌发展较弱是我国零售企业普遍存在的问题。国际成功企业的经验表明，自有品牌是零售企业（尤其是商超类企业）维持低价策略的关键，也是吸引消费者形成品牌忠诚度的重要因素，我国零售企业在自有品牌上却存在严重弱化的问题，这很可能成为制约我国零售业未来发展的"阿喀琉斯之踵"。

第六章
回到零售创新的原点

零售商为消费者提供的既不是纯粹的商品，也不是纯粹的服务，而是"商品+服务"的组合产品。因此，零售商的价值链不等同于迈克尔·波特提出的制造企业的价值链，也不等同于詹姆斯·赫斯克特等提出的服务利润链，而是兼顾供应商、消费者以及整条产业链的其他成员，结合内部与外部视角的企业内部价值链、供应链、需求链的复合与融合。具体来讲，零售企业的完整价值链（见图6-1）可分为前端（需求链）、后端（供应链）、企业内部管理链以及技术支撑系统。零售企业的转型升级应该是零售企业围绕零售活动的完整价值链，通过一组价值创造活动提升自身竞争力、打造核心竞争优势的过程。由此，我国零售业转型升级的路径不仅仅是某一端的变革与改变，更是整体零售活动系统性的变革与升级。基于此，我们分别从前端、后端、企业内部管理链以及信息支撑系统四个方面阐述我国零售企业转型升级的完整路径。

图6-1 构成零售经营活动的完整价值链

第一节 需求链：扎根消费者，回归商业本质

零售企业从事直接针对最终消费者的商品交易活动，任何零售组织的重要经济职能就是为消费者提供显性和隐性的服务。消费者需求是一切零售活动的立足点和出发点，零售商的经营活动首先是围绕消费者展开的，因此我国零售业的转型升级也应该立足于需求端。

伴随着商业主力消费群体消费行为方式的转变，社交、本地、移动、个性化的消费群体不断兴起并成为当前消费者的主要特征，商业社会经历商品短缺时代至大众营销时代，并最终进入消费者主权时代。随时、随地、随心成为消费者主权时代消费者购物的典型表现；个性化、定制化、特色化成为当前消费诉求的核心特征。在这一变革下，零售商需要重新进行调整和转变，围绕动态演变的消费者消费特征和核心消费需求来构建商业模式和经营模式，这成为零售业转型升级的内核。通过云端大数据勾画出消费者的消费图谱及生活、社交图谱。通过多渠道、多接触点与消费者产生持续互动，从而把握核心消费人群的消费习惯、生活方式及潜在消费需求。围绕核心消费者需求构建线上线下购物场景，通过差异化经营为消费者打造极致的购物体验，以此实现对消费者个性化、异质化的消费需求的满足。由此，零售重新回归提供"人性化服务"的商业本质。

一、建立客户档案

通过全渠道融合深入洞察消费者的生活,通过持续互动掌握由消费者生活方式牵引的核心消费需求。

传统零售商通过POS机及会员制度获得消费者线下消费的基本数据,但固定场景下的特定数据不足以完整、精细地把握核心消费人群的生活消费习惯。实体店对自己的经营行为、对消费者的洞察以及和消费者之间的黏性都十分有限,因此无法深入掌握消费者核心需求、挖掘消费者潜在需求。而互联网、移动终端的快速发展为零售商接触消费者提供了多元触点,通过线上、线下、移动端、智能穿戴装置等多元渠道全面掌握传统模式无法获取的消费者信息。基于多渠道信息的融合与整合,通过会员管理及大数据分析建立更为完整、全面的客户档案,零售企业可以深入了解消费者的生活方式、与消费者实现实时互动,从而向消费者推送个性化、精准的营销信息,提供更符合消费者需求的零售服务。由此,零售企业通过全渠道与消费者密切接触、持续互动,并最终实现双向良性循环。一方面,零售商通过全渠道营销深入掌握并挖掘由消费者生活方式牵引的核心消费需求与潜在需求;另一方面,通过与消费者的持续互动及不断满足其消费需求,零售企业与消费者形成密切依存、相互作用的"伙伴关系"。

二、与消费者多维需求立体化匹配

升级与创新现有业态,实现对消费者多维消费需求(商品、空间、时间、情感)的立体化匹配。

零售业态是零售企业为了满足不同的消费需求而形成的有差异的经营形态。伴随消费者需求的变化,零售商需要对构成零售业态的商品、环境、服务等要素进行边际调整。在零售企业转型升级过程中,通过全渠道资源的融合和整合,零售企业更加深入地挖掘并掌握了多维的、变革的消费需求;在此基础之上,零售企业重新定位其目标消费者群体,并对现有的业态升级和改造,调整和创新商品、环境、服务等多要素;而对于无店铺零售等业态,则通过产品的智能化推送、社群互动以及开设体验店等方式满足消费者的潜在诉求。由此,零售商通过对商品和服务的调整组合来充分满足目标客户在商品、时间、空间及情感上的多维购物需求,从而实现零售分销服务对消费需求的立体化匹配和全面满足。转型的路线一定是遵循马斯洛需求理论的,从基本物质需求过渡到心理需求。商业要变成一个复合体形态,要有基础物理形态,还要有相应的商品体验形态、服务体验形态等几个形态融合在一起。

三、提升终端消费体验

实施差异化战略,满足消费者异质性、个性化消费需求,提升终端消费体验。

差异化是零售竞争的核心内容:差异化战略既是满足异质性、个性化消费需求、吸引消费者的关键，又是增加企业利润空间的利器。零售企业转型与升级的重要环节也在于差异化战略的实施。零售企业的差异化既包括产品差异化，又包括服务差异化。

产品差异化的实现依赖于现有零售企业采购模式及盈利模式的转型。零售商是专业的商品交换媒介，从事商品转卖活动，自采与自营是零售企业的基本能力。但在现有"前台毛利+后台毛利""联营+扣点"经营模式下，零售企业的经营能力趋向弱化甚至丧失。在供应商主导的供货模式下，"千店一面""千店同货"的现象成为常态。因此，零售企业实现商品差异化的关键在于回归零售商本质职能，通过自采、买手制、自营模式的重建，实现差异化的商品采购与经营，从而满足消费者差异化的商品需求。

差异化的服务要求零售企业创新零售分销服务组合，针对不同消费群体提供特色化、个性化零售服务。具体来讲，打造横向体验与纵向体验交互的立体化服务。纵向体验强调消费者购物体验，是企业在上、消费者在下的价值体系，这主要通过线下的零售分销服务的改良实现。例如，通过打造、编辑"主题"吸引特定消费群体的注意；通过跨界经营满足消费者一站式购物体验、吸引不同消费群体关注。而横向体验强调消费者的互动体验，是以部落为核心、消费者与消费者之间平等交流的横向价值体系，这种服务的提供主要通过线上实现。例如，通过娱乐化社群互动和全渠道购物平台满足消费者互动体验的诉求。由此，形成多维零售服务的协调和融合，从而打造多维度、立体化消费者购物场景,为消费者提供极致的购物体验。

四、推进会员资产管理

推进会员资产管理,不断增强消费者对零售商的黏性和忠诚度。

顾客资产管理是指将顾客纳入企业资产,并以顾客资产为核心,优化配置企业资源,提升顾客忠诚度、顾客满意度和顾客价值○。罗斯特(Rust)等学者的研究指出,价值资产相关因素、品牌资产相关因素和关系资产相关因素是驱动和影响顾客资产的关键因素。在企业向新零售转型创新的过程中,零售企业应该通过推进顾客资产管理,尤其是会员资产管理来强化消费者的黏性,提高消费者的复购率,并通过口碑、关联营销带来其他消费者,从而提升消费者价值。具体来讲,通过商品和服务的不断改善提高会员对零售商的评价,强化价值资产;增加零售企业自身的品牌内涵和品牌文化,强化品牌资产;更为重要的是,要不断增加关系资产,这也是零售商在新零售时代必须关注的——提供忠诚者奖励,如开展积分兑换、积分抵现金等营销活动来增强零售商与客户的黏性;通过提供更多体验式活动增强与会员的情感联系;通过构建消费者社区和消费者社群,与会员建立一体化的关系体系,形成与消费者的持续互动和紧密联系。由此,不断优化对会员的资产管理,在不断增强消费者对零售商的忠诚度的同时,为企业创造新的价值。

○ 罗兰·T·拉斯特,凯瑟琳·N·莱蒙,达斯·纳拉杨达斯.顾客资产管理[M].北京:北京大学出版社,2009.

第二节　供应链：优化供应链，协同创造价值

零售企业的转型与创新立足于前端的消费需求，而如何低成本、高效率地提供消费者满意的商品和服务则依托于对供应链的全面优化。可以说，供应链的优化是零售企业降低成本与提升服务的基础，更是零售企业获得利润并构建核心竞争力的关键所在。供应链的优化既包括现有零售供应链的转型和改变，又包括供应链上各成员之间关系的重构与重建。对现有零售商供应链进行全面优化，促进供应链的各环节低成本、高效率地为消费者协同创造价值，这是我国零售企业转型和升级的关键所在。具体来讲，供应链的优化包含供应链的转型、供应链的整合以及供应链合作三个方面的内容。首先，零售商通过采购交易模式的转变促进供应链由"推式"向"拉式"转变、从"多环节"向"扁平化"转变，从而提高供应链的绩效和零售商的利润空间，并对市场需求做出更快速的反应。其次，零售商成为供应链的组织者，对供应链资源进行整合。通过供应链成员之间的信息整合、协调与资源共享以及组织互联，实现供应链成员之间更高水平的合作，实现以低成本、高效率为消费者创造更大的价值、提供更优质的商品和服务。最后，在供应链的各成员之间开展广泛的合作，尤其要转变原有对抗、博弈的关系。零售商将自身打造为供应链伙伴的价值创造者，与供应链各成员形成紧密联系；通过零售商之间的普遍合作实现优势互补和

资源共享，打造和谐、共赢的商业生态。

一、建立"拉式"供应链

供应链转型，即通过自采、直采等采购模式推动供应链由"推式"向"拉式"转变，由"多环节"向"扁平化"转变。

零售企业供应链的优化首先表现为供应商主导的"推式供应链"向零售商主导的"拉式供应链"的转变。而这种转变要依赖于零售商采购交易模式的转型。在联营、通道费的经营模式下，供应商是商品的开发、生产和销售者，零售商只是作为供应商的销售代理，有计划地将商品推销给消费者。零售商的采购、库存都直接受到供应商影响，且消费者的信息无法及时、快速地传递到上游生产者，直接导致产销不匹配，而零售商之间同质化竞争严重、毛利空间有限。但在零售商转变为自采、"买手制"的情况下，供应链模式发生变化。零售商组建专业的买手团队，根据终端消费需求进行商品的选购，采购部门由原本的被动采购者转变为主动采购的买手团队。由此，实现需求导向的拉式供应链。在这种供应链模式下，一方面，零售商对于市场具有更快、更敏感的反应度，从而可以根据市场需求进行库存、备货的快速调整；另一方面，零售商在商品上实现差异化经营，可以获得更高的毛利空间。

此外，供应链的扁平化也是零售商供应链转型的关键内容。在传统分销模式下，商品要通过层层批发商及代理商，最终到达零售商手中。这样的层层加价导致零售商利润空间十分有限且整体供应链效率较低。而这些多余的供应链环节可以通过零售商的直采来减少。零售商通过向生产商或是产地进行直接采购，获得更低的商品进货价格，既可以让利于消费者、吸引客流，又能够增加零售商的毛利率。

综上所述，零售企业通过自身采购交易模式的变革促进供应链的转型，从而高效率、低成本地满足消费者需求。这是目前成本压力巨大、毛利空间有限的实体零售商谋求转型与发展的必然选择。

二、有效整合供应链资源

供应链整合，零售商成为供应链的组织者，并协同供应链其他成员为消费者创造价值。

供应链管理的核心在于供应链整合。在对现有供应链进行改造的基础之上，零售企业应该进一步对供应链进行整合，并成为协调供应链上各环节、各节点活动的组织者。供应链的整合强调供应商各环节、各成员之间的互动和合作，包括内部的整合、供应商的整合以及消费者的整合，而供应链整合的层次又包括信息整合、活动和程序整合以及功能整合。

一是消费者资源整合。零售商通过对大数据的分析整合，细分各渠道消费者的特征及核心需求，有助于零售商自身的精准营销及供应链计划。

二是企业内部资源的整合。通过企业内部打通流程，实现跨部门的协调运作。尤其是，在零售商进行全渠道运营的情况下，企业内部渠道资源的整合显得尤为重要。通过构建强大的信息化系统及完善的内部业务体系支撑，零售商对各渠道资源进行整合，使企业内部各渠道实现商品信息和商品库存的实时共享。

三是各渠道的体验服务整合。在全渠道模式下，零售商对消费者线上线下双向体验的服务功能进行整合，通过企业内部管理流程的协调打造从产品体验到物流服务体验再到售后服务体验的全流程服务体验。

四是外部供应链资源的整合。通过细分品类作为逆向整合供应链资源的起点。根据国际供应链研究机构对未来供应链发展趋势的分析，未来的供应链是以品类为核心进行细分，拆分到多个单元组，最终实现扁平化驱动的供应链驱动模式。因此，零售企业转型必须加强品类管理，逐渐过渡到以品类为核心进行供应链的整合。

五是信息资源整合。在企业外部，零售商需要与主要供应链成员（供应商、第三方物流、软件开发商等）形成合作伙伴关系，通过信息资源的整合，使供应链上各成员之间实现市场信息与消费者数据的开放利用；通过供应链成员经营活动的协调、对接与资源共享，实现资源的调整与优化配置；通过与供应商达成战略伙伴关系，加强组织之间的互联和互动。

在供应链整合的过程中，零售商通过对信息、渠道、品类的整合成为供应链上各环节、各节点整合与协同的组织者，对供应链上各节点企业和关键环节之间的行为和决策进行协调，使得供应链上各节点、各环节能够实现密切配合和无缝对接。在这一过程中，供应链整体降低了运营成本；通过供应链成员之间资源开放、信息共享与全方位合作，实现供应链各环节高效率地为消费者协同创造价值。

三、改变零和博弈的丛林法则

供应链合作，将"零和博弈"的丛林法则转变为互利共赢的商业生态。

零售商与供应链主要成员之间关系的重塑也是零售企业转型的重要内容。在零售商转型的过程中，应该重新认识自身与供应链上各成员以及竞争对手之间的关系。商业活动的参与者之间不再是以往的竞争、博弈的关系，而应是立足于为消费者创造价值这一理念，形成由零售商牵头的，和谐、共赢、共享的商业生态。

一方面，零售商应该重塑与供应链成员之间的关系，与其成为命运共同体。首先，充分利用自身处于市场终端、更了解消费者心理的优势，以市场信息资源的贡献为基础为供应链成员之间的合作、共享打造平台。其次，零售商成为供应链成员的价值创造者，积极走进供应商价值链，利用自身终端营销的优势承担起供应商价值链中的部分营销职能，从而降低供应商营销成本，同时获得供应商的让利。最后，零售商加强与二、三线品牌供应商的合作，充分发挥自身在本地市场的终端影响力，帮助中小零售商开拓新市场，进而与供应商实现共同成长。

另一方面，零售商之间摒弃互相竞争、对立的态度，通过持续的合作来打造互利、共赢的局面。一是零售商之间广泛地开展联合采购、联合资本、联合电商等商业合作，以实现优势互补和资源的最优配置。例如，步步高、家家悦、天虹商场、美特好等国内23家零售企业合作成立全球联合采购平台，各平台成员将自身海外采购资源共享，平台进行统一的海外采购，以此来提升平台成员与海外供应商的议价能力，控制采购成本并推进供应链金融等体系的发展。⊖永辉入股武汉中百集团，利用自身在生鲜业务方面的优势促进中百在生鲜品类的发展。二是不同业态零售商广泛地开展跨界合作，实现市场资源和商业基础设施的相互利用。例如，日本7-11与优衣库进行合作，在商品策划、制造、销售和物流等领域展开广泛的业务合作。京东到家实现了实体零售与电子商务企业的合作，利用京东强大的物流配送体系形成强强联手、互利共赢的局面。

由此可见，实现供应链合作，重塑零售商与供应链上各成员和各市场参与者之间的关系，转变原有零售业中零和博弈的市场格局，通过广泛的合作实现资源的优化配置，打造互利、共赢的商业生态，这是我国零售业转型与创新的必由之举。

⊖ 资料来源：http://www.360xh.com/weekly/show-htm-itemid-7361.html

第三节　管理链：集约化发展，向管理要效率

传统零售企业的转型和升级要立足于零售企业内部价值链的优化与改善，其前端的服务升级与后端供应链的优化都与企业内部高度协同、高效的价值链活动密不可分。而内部价值链优化的关键则在于各环节、各流程的高度协同，在于对各部门、各环节分工活动的高效组织能力，即依赖于管理效率的提升。在零售业的转型升级过程中，零售企业应该摒弃以往粗放式扩张的发展道路，转而走集约化经营之路——通过管理的优化促进效益的提升，实现"向管理要效益"。尽管企业内部管理本身不创造经济效益，但精细化的内部管理是企业经营活动的坚强支撑，是实体零售企业集约化发展道路的题中之意。

一、由目标管理到过程管理

由目标管理转变为过程管理，实现由点及线、由线到面的系统性优化。

传统零售管理中采取目标管理的"责任制"方式，其缺点在于增加沟通成本，导致个体、门店、部门专注于自身目标的完成，忽视了相互协调和组织目标的实现。在零售企业拥抱互联网、进行全渠道融合的背景下，要求零售组织内部实现信息的精准传递与快速响应。因

此，传统的目标管理方式无法适应新经济时代的零售企业管理要求。而过程管理更强调对流程和过程的管控，业务流程优化与组织协同确保了信息的精准、快速传递，更加符合互联网经济背景下对零售企业的组织管理要求。通过实行过程管理，零售企业根据市场需求和企业资源特点制定经营目标体系，并在此基础上建立企业业务过程模型。具体来讲，零售企业在企业总体经营目标的基础上，通过对门店、品类、单品的三级管理体系以及各部门的精细化管理和全流程控制，横向上实现跨部门协作、纵向上确保总部目标在各级被有效执行。由此，零售企业内部价值链实现各环节的点优化，在此基础上，各部门实现运营的协同与协调，组织内各流程被打通，从而完成线优化，进而由流程的优化带动公司总体的系统优化。

二、人力资源管理制度与经营模式转型相匹配

重视"人"的作用，构建起与经营模式转型相匹配的人力资源管理制度。

商业的核心活动围绕着"人"展开，因此零售企业必须对"人"具有足够的重视。可以说，零售企业内部人员是经营管理成败的关键所在。伴随着零售企业的转型升级，尤其是企业经营模式、采购模式的转变，企业内部人力资源管理制度也应该相应发生改变。例如，直采、自采的模式下，需要对采购团队进行专业的选拔、培训、晋升路径和薪酬激励。伴随着企业自营比例的增加，要对店内一线员工进行

专业化培训并制订与销售绩效挂钩的薪酬方案。

三、内部组织管理结构配合全渠道战略

建立与全渠道战略相匹配的内部组织管理结构和 KPI 考核体系。

零售企业向新零售转型的关键在于全渠道战略的建立，而全渠道融合的实现需要依托于企业内部组织管理结构的调整。在企业总部管理层面打破线上部门和线下业务部门的隔断，成立全渠道管理中心（如王府井），打通主要业务部门，为全渠道融合的实现打下基础。此外，在企业转型升级过程中，要建立合适的 KPI 考核体系，通过有效的激励机制和约束机制推动全渠道战略的落地。

第四节　技术链：应用信息技术，
　　　　　打造智慧流通

零售技术是指零售企业拥有的包括商品组配的方法、陈列技术、采购及库存管理以及新设备、新技术在零售领域的应用。零售行业的每一次变革与创新都伴随着技术的发展与革新。因此，我国零售企业的转型与升级也势必离不开新技术的应用。零售企业的转型升级是一项系统性的工程，是零售商围绕着零售活动的完整价值链，通过一组价值创造活动来重新确立自身在产业链中的地位和作用并获取核心竞争优势的过程。在这一过程中，新技术的应用是支撑起零售业转型的基石。零售企业需要拥抱新兴科技，加大对零售技术的投入，打造"互联网+流通"的新模式，以先进的信息、网络和数据技术为支撑，打通从生产到消费的端到端流程，从而打造一条智慧的流通链条。

一、运用新兴基础设施

充分利用云、网、端等新兴基础设施，支撑起零售企业在消费端的转型和升级。

零售企业在消费端转型升级的关键在于深入洞察消费需求、增加与消费者的接触点和互动联系，从而了解和掌握消费者需求，并通过自身的商品和服务提升消费体验、满足消费需求。然而，上述转型实现的抓手在于构建起由技术支撑的零售企业的全渠道融合。具体来说，通过购物 App、网上支付、社群营销等工具构建消费者线上购物场景；通过 Wi-Fi 定位、传感器等技术获得线下消费者信息；通过对消费者线上线下大数据的整合、分析和处理还原消费者生活，从而使零售企业的定位更精准，更充分地满足消费者需求。

二、实现 IT 到 DT 技术跨越

通过 IT 到 DT 的技术跨越，打造"互联网＋零售"背景下开放、共享的供应链。

实体零售商的供应链优化应该以技术变革为支撑。在以 IT 技术实现现代化供应链管理的基础之上，进一步通过 DT 技术（Data Technology，数据技术）的引入打造开放、共享、互利的新型零售供应链。在零售企业供应链管理中引入 DT 技术，实现业务流程、经营活动的数字化，供应链的各节点、各流程运作实现透明化、可视化、实时化，实现数据应用闭环（数据的每一次应用都促进了业务的持续优化），提升整体供应链的运作效率，形成互利、共享的商业生态。

互联网、去计算等技术为零售企业组织内部的管理优化提供了新的解决方案，IT 技术的广泛引入使零售企业实现内部流程的锁定，财务、业务、IT 实现一体化，提升了采购、账务、仓储、物流、销售等活动标准化水平，促进了企业的精细化管理和过程管理。引入 DT 技

术,增加各流程透明度和实时性,零售企业的过程管理更为方便、高效。此外,DT技术提升零售企业灵活性,助力零售企业实现云端制的组织结构——"管理和服务平台+业务平台"支撑起零售店铺前端的灵活创新。依托DT技术,零售企业内部的管理更加高效、低成本;零售店铺在公司总体战略和公司总体后台支撑的背景下能够更加灵活地运营。

在中国零售进入发展的"新时代",机会与挑战共存,零售企业尚需"返璞归真""内外兼修"。回到零售的起点苦练内功,站在新时代的拐点探索新出路!